信頼される教師の叱り方

中嶋郁雄 著
NAKASHIMA IKUO

フツウの教師・デキる教師・凄ワザな教師

JN155084

学陽書房

はじめに

子どもを指導する上で、「叱り」は日常的に行われています。きまりを守らない子や間違った行いをした子に対して、時には厳しく、ある時はたしなめるようにと、程度の差こそありますが、注意を促し、反省をさせ、改善するように指導します。

ところが、近年、「叱り」を「威圧的」「暴力的」な指導方法だと、間違って解釈する傾向にあります。社会問題にもなっている「体罰」や「児童虐待」までもが、叱りの延長線上にあるかのようなとらえ方をする人までいます。しかし、「叱り」とは、子どもを威圧することではなく、ましてや恐怖心をあおって命令することでもありません。子ども自らが、反省と改善に向かう力を身につけさせるのが、「叱り」本来の目的です。それを理解することができれば、「叱り」は必要不可欠な指導法であることを理解することができると思います。

ここ数年、「叱らない指導」や「ぶつからない指導」といった言葉を耳にするようになりましたが、このような方法は、決して「子どもをまったく叱らない」というものではありません。些細な場面で子どもの言動に釘をさすことによって、子ども自身に自らの間違いに気付き改善する力を身につけさせる指導法です。ですから、このような指導法は、あからさまに教師が厳しい態度で臨む状況に至らないための「叱り指導」と言うことができます。「叱っていない」のではなく、「叱られたと感じさせない」ように指導する、「上級の叱り方」なのです。「叱らない指導」「ぶつからない指導」とは、叱り技術に長けた名人級の教師が、長年の経験と研究によって身につけた技であって、決して叱ることを否定した指導方法ではないと、私は解釈しています。

ところが、「叱りは子どもとの信頼関係を崩す」「叱りでは子どもは伸びない」という誤った解釈をしている若い教師が多くいるように感じます。もし、経験も指導力も未熟な教師が、表面的な言葉尻だけに惑わされて、「叱らなくても指導ができる」「叱って指導してはいけない」などと勘違いしてしまえば、必要な時に必要な叱りができない教師になってしまうおそれがあります。そしてそれは、「子どもの成長を促すという教師の責任から逃れ、単に報酬を得るためだけに働く『キョウシ』への道を選択することになる」と言っては言い過ぎでしょうか。

特に、集団生活のきまりを教え、生活習慣の基礎を教える小学校では、子どもを叱らないで指導することなど考えられません。叱ることで子どもを教え導くことは、時代が流れ、子どもたちを取りまく社会状況が変化し、人々の価値観が変化しても、変わることはありません。叱って子どもを教え導く「叱り」という指導方法は、昔から受け継がれて現在に至っています。叱りは、まさに不易の指導方法なのです。

もっとも身近でもっとも長い歴史のある「叱り」という指導方法がもつ、「子どもの自律心を育てる」というねらいを達成するためには、現在の子どもや保護者に適した効果的な方法を工夫することが必要になってきます。本書では、学校生活のさまざまな場面を取り上げ、「信頼される教師」とは、どのような凄ワザの叱り方で子どもを指導するのかをステップアップ方式で考えてみました。手にとってくださった方にとって、本書がご自身の叱り方を振り返り、明日への指導に役立つものとなれば、これほど光栄なことはありません。

なお、小著発刊にあたり、学陽書房の皆様にはたいへんお世話になりました。末筆になりましたが、この場をお借りして、深謝申し上げます。

平成二十九年六月

中嶋郁雄

CONTENTS

Chapter 2

子どもがみるみる変わる！生活指導での叱り方

1 挨拶や返事をしない……42
フツウの教師▼そのつど「挨拶・返事をしなさい」と言う
デキる教師▼なぜ挨拶が大切であるのかを教える
凄ワザな教師▼毎日元気に挨拶をして見本を示す

2 ウソや言い訳を言う……44
フツウの教師▼「ごめんなさい」と言わせる
デキる教師▼ウソや言い訳は悪いことだと理解させる
凄ワザな教師▼過ちを認めるすがすがしさを体感させる

3 乱暴な言葉をつかう……46
フツウの教師▼「乱暴な言葉をつかってはいけない」と戒める
デキる教師▼教師自身が常に言葉づかいに気を付ける
凄ワザな教師▼体験指導で言葉の影響力に気付かせる

4 教師にため口をきく……48
フツウの教師▼その場で言い直しをさせる
デキる教師▼厳しくサッと表情を変えて一喝する
凄ワザな教師▼「です」「ます」を習慣づけて授業を行う

Chapter
3
成長をググッと引き出す！学級活動での叱り方

Chapter 4 学ぶ意欲がどんどん高まる！授業中の叱り方

1 授業が始まっても着席しない……78
フツウの教師▼すぐに着席するよう注意する
デキる教師▼遅れた人を待たないと気付かせる
凄ワザな教師▼時間厳守を徹底して常に定刻に始める

2 授業に必要な物をよく忘れる……80
フツウの教師▼忘れないように注意して、代用品を使わせる
デキる教師▼忘れない方法をその子に合わせて考える
凄ワザな教師▼子ども自身に解決方法を考えさせる

3 椅子に正しい姿勢で座れない……82
フツウの教師▼すぐにやめさせる
デキる教師▼事故になる危険行為であると厳しく戒める
凄ワザな教師▼日頃からの頻繁なチェックで正しい姿勢を身体に覚え込ませる

4 おしゃべりしたり、こっそり遊んだりしている……84
フツウの教師▼授業妨害であるとやめさせる
デキる教師▼「みんなの前でやりなさい」と公開を求める
凄ワザな教師▼発問や指名の工夫で遊んでいる場合ではないと思わせる

5 勝手に立ち歩いて授業を妨害する……86
フツウの教師▼授業を中断して、席に座るよう注意する
デキる教師▼授業をどんどん進めていく
凄ワザな教師▼妨害行為は注目されないと気付かせる

6 分からない子や運動が苦手な子をバカにする……88
フツウの教師▼授業をいったん中止して厳しく戒める
デキる教師▼クラス全体の問題として考えさせる
凄ワザな教師▼失敗や間違いを奨励してプラス思考のスポットをあてる

7 答え合わせのごまかしやカンニングをする……90
フツウの教師▼二度としてはいけないと厳しく指導する
デキる教師▼その場は見て見ぬふりをして、後で話をする
凄ワザな教師▼間違いが人を成長させると理解させる

8 校外学習や遠足などで勝手な行動をとる……92
フツウの教師▼勝手な行動を発見したら逐一注意する
デキる教師▼班を中心にチェック体制をつくる
凄ワザな教師▼きまりを守れたら自由をあたえて責任感を芽生えさせる

Column 4 体罰について思うこと……94

Chapter 5

クラスのまとまりがアップする！友達関係の叱り方

1 すぐに友達に暴力をふるう……96

フツウの教師▼暴力をふるった相手に謝罪させる
デキる教師▼別室で落ち着かせて反省を促す
凄ワザな教師▼じっくり話を聞くとともに、言葉による意思疎通を学ばせる

2 ケンカをしても謝らない……98

フツウの教師▼双方に謝らせる
デキる教師▼理由を聞いてから謝罪させる
凄ワザな教師▼何が相手を怒らせたかを振り返らせる

3 自己中心的な行動をとる……100

フツウの教師▼自分勝手は友達の迷惑になると気付かせる
デキる教師▼家庭環境などストレスの原因から対応する
凄ワザな教師▼子ども同士で注意し合える関係を築かせる

4 友達の物を隠したり取ったりする……102

フツウの教師▼人の物に勝手にさわらないように注意する
デキる教師▼人の物に勝手にさわらない姿を徹底して見せる
凄ワザな教師▼その子の背景を探り、周囲と連携・対応する

Chapter 6

ここが肝心！叱ってからのアフターケア

Introduction

なぜ、教師は叱れなくなってしまったのか？

「叱り」の本質を忘れていないか

「叱ることでは子どもは伸びない」と、叱ることに否定的な考え方を耳にすることがあります。また、最近では、「子どもを叱ることができない」「どのように叱ればよいのか分からない」と悩む保護者や教師の声を多く聞くようになりました。

人は昔から、子どもを叱って育ててきました。子どもが大人になった時、所属する集団や社会に適応しながら自己実現する力を身につけることができるように育ててきたのです。その方法として、叱りは必要不可欠な手段として、代々受け継がれてきました。集団の和を乱す行いや、他人に迷惑をかける行いに対して、子どもを厳しく叱ってしつけてきました。子どもの将来のために叱って育てることに、今も昔も変わりありません。

自分の子どもが、他人に迷惑をかけたり、社会のルールを破ったりすれば、親であれば、必ず叱って教えるはずです。子どもを正しい方向に教え導くことは、親の願いでもあり、責任でもあるからです。我が子が、非社会的・反社会的な人間に育ってもよいと言う親はいません。叱るという行為は、親としての愛情からくる、いわば本能的な行為と言うことができます。

福澤諭吉やジョージ・ワシントンなどの偉人も、幼い頃に叱られた有名なエピソードを残しています。洋の東西を問わず、叱りは、未来を担う子どもを一人前に育てるという「教育的行為」であり、相手のことを思って行う「愛情的行為」なのです。そしてそれは、おそらく人類が誕生した時から脈々と受け継がれてきた不易の教育方法でしょう。叱りとは、教育そのものであると言っても過言ではありません。

「叱り」が信頼を勝ち取る

子どもの不足や失敗を、見て見ぬふりをしてやり過ごしていると、教師としての指導力が疑われることになります。「先生は、頼りにならない」と、子どもたちからの不満が高まることになります。保護者からは、「その程度の指導もできないの？」と思われることになるでしょう。

指導するべき子に対して、教師であるあなたがどのように対応するのか、周りの子どもはもちろんのこと保護者も、そして同僚や管理職もしっかりと見ています。ダメなことはダメ、間違いは間違いと叱って反省を促す……。人を教え導く教師として、自信をもって毅然とした態度で指導することのできる力量をもつ努力をしなくてはなりません。

「人から嫌われたくない」「みんなとうまくやりたい」と思う人ほど、じつは多くの人からの信頼を失って嫌われてしまいます。子どもの誤った行動を見て見ぬふりをして叱ることから逃げ出せば、子どもや保護者からの信頼を失ってしまいます。人というのは、たとえ子どもであっても、誠実さや真摯さといったものに強く惹かれます。多少無骨であっても、誠実に人と接する人、真摯に仕事に取り組む人は、周囲から信頼されます。そして、どんな時でも逃げることなく、一貫した姿勢で指導することができる教師は、「先生が言うのだから、間違いない」「先生に叱られるのなら、納得できる」と、自然と相手を納得させていくものです。

「気まずさ」を受け入れる

叱る側の教師は、子どもの言動に、カチンとくるから叱ります。叱られる側の子どもは、自分の言動を否定的にとらえられたように感じて、落ち込んだり反発したりします。このように、叱るという行為は、叱る側と叱られる側の双方が感情を揺り動かされていく行為です。互いに感情を刺激し合うわけですから、指導の後で気まずくなるのが当たり前です。程度の差こそあれ、叱った後に、子どもと気まずくなり、ギクシャクしてしまうのは、仕方がありません。子どもの成長のために、少々の気まずさを受け入れるのが教師の役割です。

「叱りの指導は、気まずくなって当たり前。そうでなくては、叱りの意味がない」

そう考えておけば、叱ることに対して、それほど臆病になることもありません。大切なのは、気まずいからと、教師のほうから子どもを避けたり、反抗的な子どもに対して高圧的になったりしないように心がけることです。そのためには、教師が「大人」になって、積極的に子どもに関わることが必要です。子どものためを思って叱っているのですから、たとえ一時的に気まずくなったとしても、それほど時間を置かずに、元通りになるはずです。

叱りの4ステップ＋1

叱りを否定する人や叱ることに臆病になっている人は、叱ることによってでは、子どもに精神的打撃をあたえたり肉体的苦痛をあたえたりするだけで、子どもの心を育てることはできないと考えているのかもしれません。

しかし、「子どもの自律心を育てる」という叱り本来のねらいをしっかり見据え、「正しい叱り方」を心がけることによって、叱ることの大切さについて考え直し、叱りによって子どもを育てることを受け入れていくことができると思います。そこで、「自律心を育てる正しい叱り方」とはどのようなものなのかを考えてみたいと思います。

叱るべき内容、その時の状況、叱る相手によって、どのような叱り方をするのか異なってきます。ですから、叱り方に、決まった型というものはありません。しかし、きまりは多様でも、叱り方の手順は存在します。正しい手順を踏んで叱ることで、子どもの自律心を育てることが可能になります。

●ステップ①　気付かせる

例えば、整理整頓ができていない、授業中に集中できていないなど、子どもはほとんど罪悪感なく間違った行動をしている場合が多々あります。このような時、間違った行いをした子に、「ここがダメだ」と教師が直接伝えてしまっては、子どもは自分の力で間違いに気付く力を身につけることができません。目や指などで、子どもに「何かが間違ってるよ」とメッセージを送ったり、「何が悪いか考えてごらん」と問いかけたりして、子どもが自身の誤りに気付くように導くことが大切です。

●ステップ② 納得させる

よくない指導の一つに、自分の価値観や正義感を子どもに押し付けてしまうことが挙げられます。しかし、それでは、「叱られている時間をやり過ごせばよい」となる危険性が大です。納得して叱られる姿勢を育てるためには、自分のした行為を口に出させることです。行いを子ども自身に振り返らせることで、納得して叱られる姿勢になることが可能になります。

●ステップ③ 反省させる

叱られることに納得したら、反省することができます。反省させる時も、教師が「ここを反省せよ」と教えたり押し付けたりするのではなく、「自分の何が悪かったのか?」「反省点はどこか?」と、子ども自身に「なぜ叱られたのか?」を考えさせるようにしなくてはなりません。自分の行いが間違っていたと納得した上で反省することで、「同じ過ちはしないようにしよう」と、前向きな気持ちが生まれるのです。

●ステップ④ 改善させる

改善するために、以後どのような行動をとらなくてはならないかも、子ども自身に考えさせるようにします。「どうすれば、間違いをせずにすんだか？」「どう責任をとるか？」「以後、どうするべきか？」と、問いかけながら考えさせるようにします。子どもをしっかり観察して、子どもが自ら考えた改善を行動で示したら、思いきりほめて、改善の大切さと自分への自信を実感させてあげましょう。

●プラス1　感謝の気持ちをもたせる

失敗や過ちは、子どもにとって大切な成長の糧です。失敗することで、自分に不足している点は何か、今後身につけていかなくてはならない力は何かを、実感をもって受け入れることができるのです。子どもは未熟ですから、親や教師に叱ってもらわなくては、失敗や過ちに気付き、反省することができません。過ちや不足に気付かせ、反省を促しながら力を伸ばしてあげることは、感謝されるべきことです。子どもの時代には理解できなくても、将来、「あの時、先生に叱られてよかった」「叱ってくれる人がいるのは幸せなこと」と、感謝することのできる人間に育てたいものです。そして、子どものためを思って叱っていれば、必ず感謝の気持ちをもった子どもに育っていくと信じたいものです。

叱れないキョウシは教師ではない

「子どもとの関係が悪くなれば、日頃の指導が受け入れられなくなってしまい、結果的に子どものためにならない。だから、叱って指導するのは、できる限り避けたい」

つまり、叱らないことが子どものためだと、叱れないキョウシは言い訳をします。しかしその根底には、「子どもから疎ましく思われるのではないか？」「嫌われて距離を置かれる存在になってしまうのではないか？」と、じつは子どものためではなく、自分を守りたいがために叱りから逃れている状況があるのです。子どもの間違いを、見て見ぬふりをしてそのまま見過ごし放置してしまうことが、子どもに不信感を抱かせることになってしまうにもかかわらずです。

叱られるのが好きな子どもは、まずいません。同じように、叱るのが好きな教師もいません。教師なら誰でも、子どもと円満な関係でいたいと願っています。それ故に、子どもとの関係を悪くするのではないかと不安になる気持ちは理解できます。しかし、「関係を崩したくない」という思いが先にたって、叱ることを躊躇してしまう。子どもの間違った行いに気付いているにもかかわらず、見て見ぬふりをして放置してしまうというのでは、子どもを教え育てるという視点からみれば、本末転倒も甚だしいと言わざるを得ません。

叱ることができないキョウシは、結果的に子どもの成長を妨げ、子どもから軽んじられるようになります。「嫌われたくないから」という自己保身から、子どもの不足や過ちを叱ることから逃げるようでは、教師として失格と言わざるを得ません。子どもの不備不足を放置することが、子どもの成長にとってどれだけマイナスになるのか、常にそのことを考えなくてはなりません。

子どもの前に立って四半世紀。私は心からこう思います。

「叱れないキョウシは教師ではない」と。

教師のみなさん、自信をもって子どもを叱りましょう。

Chapter 1

ここをおさえれば
凄ワザ教師！
子どもを変える叱り方
８つのポイント

叱りの効果を高めるために、
叱る時の教師の心構えや
状況に応じてやり方を変える必要性など、
子どもを成長させるためのポイントを
おさえておきましょう。

1 「学年・性別・キャラ・状況」に合わせて叱る

――叱り方に決定的なマニュアルはありません。子どもの発達段階や性別、性格、その時々の状況に応じて、方法を変える必要があります。

●発達段階に応じて、徐々に子どもに考えさせる幅を広げていく

学年に応じて、言葉づかいや表情など、叱り方を変えるのは当然です。忘れてはならないのが、「子どもに考えさせる幅を広げていく」ことです。反省し改善すべき指導事項を、教師が具体的に教える叱り方から、学年が上がるにつれて、徐々に、子ども自身

に気付かせ、自ら反省して行動を改善させるような叱り方に変えていく必要があります。大人になれば、自分で自分を戒めなくてはならなくなります。そのことを忘れずに、「自律心」を育てる叱り方を意識しましょう。

●子どもに応じた叱り方が、指導の効果を高める

同じ言葉であっても、男子と女子とでは、受け取り方がずいぶん異なります。子どもの性格によっても、受け取り方は十人十色です。特に叱りは、子どもの感情を大きく揺さぶる指導法です。厳しい態度で叱ったほうが効果的な子もいれば、恐怖心だけを植え付けてしまう子もいます。子どもの心に響く効果的な叱り方にするためには、日頃から子どもをしっかり観察して、子どものキャラクターを熟知しておくことが大切です。

●場の雰囲気や状況を見て瞬時に判断

叱る内容に応じて、叱り方を変える必要があります。どんな時も同じ調子で叱り続けていると、子どもは、何が本当に大切なことなのかが分からなくなってしまいます。また、全体の中で叱ったほうがよいのか、個別のほうがよいのか……。今この時に叱るべきか、後にしたほうがよいのか……。その時、その場の状況を見極めて、瞬時に判断し、最善の叱り方を選択しなくてはなりません。

効果的な叱り方ができるようになるためには、単に注意していればよいというものではないのです。

＋ one point

子どもの表情や場の雰囲気をしっかりとらえていくためにアンテナを張り巡らそう！

2 「本気」で叱る

——子どもは、教師の姿勢を敏感に感じ取っています。「心から子どものために叱っている」こと伝えるには、本気で叱らなくてはなりません。

●「子どものために」という思いを常に忘れない

教師の真剣な願いや思いは、意図しなくても知らず知らずのうちに子どもに伝わっています。子どもは担任の鏡と言われますが、「この子たちのことが大好きだ」という思いが、子どもとの信頼関係を築くことにつながります。教師の体面やきれいごとで子どもに接していると、必ず子どもの信頼を失ってしまいます。「あなたが好きだから、成長してほしいから叱るのだ」という気持ちを常に忘れずに、誠実な姿勢を貫きましょう。

●「自己満足ではないか？」と常に問いかけよう

自分の指導に反することをしている……。一生懸命指導しているのに、なぜ思うように行動しないのか……。時折、怒りが爆発しそうなくらい感情的に指導してしまうことがあります。しかし、それは、子どもを本気で叱っていることにはなりません。自分の感情を収めるために、子どもに当たっているに過ぎないからです。たとえ、それで子どもが行動を改善したとしても、子どもの成長にはつながりません。

自己満足のために子どもを叱っていないかどうか、冷静に分析することが必要です。

●「我が子なら」と考える

どんなことがあろうとも、自分の子の将来を思うのが親というものです。たとえ嫌われようと疎まれようと、子どものためと思えば、心を鬼にして叱らなくてはならないことがあります。関係を悪くしたくない、保護者からの苦情があると面倒だ……。そのような気構えでは、子どもを叱ることなどできません。

本気で叱るためには、目の前の子どもを、「我が子なら」と考えて、子どものために本気で心を鬼にできなくてはなりません。

＋ one point

子どものための真剣な叱りなら、
たとえ苦情がきても恐れることはない！

3 「沈黙」で叱る

――「目は口ほどにものを言う」と言われます。一貫性があり、また、メリハリをつけた叱り方で子どもと真剣勝負をしていれば、言葉に頼らなくても、思いが通じるようになります。

●一貫性のある指導を心がける

自分の気持ちを収めるために叱ったり、感情的になったりしては、叱り方がブレてしまいます。同じ行いをしても、ある時は厳しく叱られ、ある時はまったく注意されないというのでは、子どもたちは訳が分からなくなってしまいます。そうなると、結果的に教師は軽んじられるようになり、大声を出しても収まりがつかなくなってしまいます。

言葉を発しなくても、子どもを叱ることができるようになるためには、常に一貫性のある叱り方を心がけることが不可欠です。

●指導にメリハリをつける

叱りは、教師の価値観に大きく影響される面がありますが、しっかり指導しなくてはならない場合と、軽くたしなめる程度で十分という場合において、言葉づかいや表情に変化をつけることで、叱り方にメリハリがつきます。そして、そうした日々の指導の継続によって、子どもたちは、教師の価値観・叱りどころを自然に理解するようになります。指導のメリハリによって、たとえ「目」だけであっても、子どもたちは教師の思いを感じ取り、「叱られている」と反省し、行動を改善するようになっていくのです。

●クラス全体を意識する

子どもにとって、教師が叱る場面は、注目に値する場面です。誰かが叱られれば、周りの子は、教師の言動に注目します。「先生は、何に対して怒っているのか？」「どのような叱り方をしているのか？」ということを、冷静に見ています。ですから、特に叱る場面では、子どもたちに見られていることを忘れないようにしましょう。

教師がクラス全体を強く意識しながら叱ることによって、子どもは教師の叱りどころを理解し、教師の表情や目の動きだけで、意図をくみ取るようになります。

＋ one point

沈黙で叱ることができるのは、
子どもとの信頼関係が築けている証拠！

4 「気付き」で叱る

――子ども自身が言動に間違いや不足があったことに気付かなくては、何も始まりません。子ども自身に間違いに気付かせることから、叱りはスタートです。

●「気付かせる」指導を心がける

心から反省し改善の意志をもたなくては、子どもに力はつきません。間違いに自ら気付いてはじめて、子どもは反省に向かうのです。過ちや不足に気付かせるためには、教師のはたらきかけが必要です。例えば、何も言わずに反省文用紙を手渡したり、わざと誤った行いをスルーしたり、時には少しふざけと思われる方法で子どもを驚かしたりと、さまざまな方法を工夫することが必要です。
子ども自らに気付きをあたえる指導方法を生み出しましょう。

●反省文で気付かせる

気付きの指導で効果的な方法に、「ミニ反省文」があります。これは、手渡し方が重要です。「ここが悪いから反省文を書きなさい」では、まったく意味がありません。何も言わずに、子どもに用紙を手渡すのです。いきなり手渡された子は、すぐに「何が悪いのだろう？」と考えます。そして、例えば「授業中の姿勢が悪かったからだ」と気付いて反省文を書き始めます。些細なことでもどんどんミニ反省文を続けていくと、子ども自ら反省するような行いをしないように気を付けるようになる効果も期待できます。

●「マジック指導」で気付かせる

少し茶目っ気のある指導法として、「マジック指導」がおすすめです。例えば、出しっぱなしになっている椅子を、子どもがいない間に机の上に乗せておきます。教室に戻ってきた子は、「なぜ？」と考えて気付きます。起立しない子には、「身長が縮んでしまったの？」と心配する演技を見せて気付かせます。気付かせる叱り方は、子どもとの関係を悪くすることなく、むしろかえって良好にしながら叱ることができるので、この他にもさまざまなアイデアを考えて叱ることをおすすめします。

＋ one point

「反省文」や「マジック指導」など、
子どもとの関係を良好にする気付かせ方での指導法が効果的！

5 …「納得」させて叱る

――いくら厳しく叱っても、子どもが納得していなければ、効果が期待できないどころか、教師を信頼しなくなるおそれがあります。

●お説教では納得しない

教師の考えを押し付けたり、一方的なお説教をしたりする指導を続けていても、子どもは過ちを素直に受け入れ、納得して反省することはありません。教師の話を適当に聞き流して、「分かりました」と反省するふりをしていれば、たいがいの場合は許されると思うようになってしまいます。

お説教は、常に子どもを「受け身」にすることですから、「また先生の長い話が始まった。早く終わらないかな～」と、教師の叱りを軽んじる危険さえあります。

●考えさせることが納得につながる

叱られることに納得するためには、「なぜ叱られるのか？」「どこが悪いのか？」「なぜダメなのか？」「どうするべきだったのか？」「どのように改善すべきなのか？」といったことを、子ども自身が真剣に考えることではじめて可能になります。子どもの頭と心をフル回転させるためには、例えば、過ちや不足を、子ども自身にしっかり口に出して言わせるなどの方法を工夫して、子どもがしっかり考えざるを得ない状況に置くような叱り方を心がけるようにしなくてはなりません。

●集団の力を活用する

互いに注意し合い、正しい行いを認め合える集団の中でこそ、個々の子どもの成長が保障されます。正しい行いを認め、不足を注意し合うことのできるクラスにするために、ある子を叱る時に、クラス全体を意識して、他の子の考えを聞いたり、善悪を全員で確認したりできるような叱り方を心がけるようにします。

「朱に交われば赤くなる」と言われますが、「集団の教育力」を取り入れることで、子ども一人ひとりが納得して指導を受け入れる素地をつくっていかなくてはなりません。

＋ one point

納得させることで、
素直に指導を受け入れられる子に成長する！

6 「問いかけ」で叱る

――子ども自身に考えさせ、自ら反省・改善させるようにしなくては、子どもの自律心を育てることはできません。

●教師が「解」をあたえない

子どもの行動を改善させるために、つい「ここが悪い」「直しなさい」と言いたくなります。確かに、反省点や改善点を直接伝えたほうが、手っ取り早く成果を上げることができるように思われます。しかし、教師が「解」をあたえ続けても、子どもに力はつきません。「何が悪いと思う？」「どうすればいい？」と問いかけることで、子どもは反省と改善に向けて頭をはたらかせ始めるのです。

問いかけによる叱りを活用して、子どもの成長を促しましょう。

●自分の言動を省みさせる

過ちを反省するためには、自分の言動の何が間違っていたのか、客観的に分析しなくてはなりません。問いかけることによって、子どもは、自分の行いを振り返らざるを得なくなります。自分の誤った言動を振り返る過程で、子どもは、「叱られて納得」と、自分の過ちを認める姿勢になっていきます。

行動の改善も同じで、自分の行動を振り返ることで、「どうするべきだったのか？」「今後どうすればよいのか？」を、自分なりに考えることが可能になります。

●心から「悪かった」と思うことが真の反省

教師が怖いから反省した素振りを見せる、その場をやり過ごすために反省の態度を演じる……というのでは、叱りの意味はありません。子どもが心から「悪かった」「直そう」と思ってこそ、叱り甲斐があるというものです。心を鬼にしてまで叱るのですから、子どもの成長を促す叱り方にしなくてはなりません。

問いかけによって叱ることで、「過ちに気付き→叱りに納得し→心から反省し→改善する」という、効果が期待できるのです。

＋ one point

「気付く→納得する→反省する→改善する」
という叱りのステップを常に意識しよう！

7 「ほめられている」と感じさせるように叱る

――子どもはほめられることが大好きです。子どもが「ほめられている」と感じることができるような叱り方を意識していきたいものです。

●良い子をほめることで、他の子の改善を引き出す

子どもは、教師の言動をよく見ています。また、どんな子でも、他の子を意識しています。友達が教師にほめられると、自分も同じように認められたいと、良い行動を見習おうとします。その習性を理解すれば、叱り方にも効果的に応用することができます。

例えば、授業中に姿勢が崩れてきた時、正しい姿勢で学習している子をほめるようにします。素早く準備させたいと思えば、早くできている子をほめます。できていない他の子どもたちは、それに触発されて自然に正しい行動に改善していきます。

●期待しながら指導する

同じように叱っていても、「自分はダメだから叱られる」と子どもに思わせるのと、「先生に期待されているから叱られる」と思わせるのとでは、天と地ほどの違いがあります。叱りは、子どもの気持ちを打ち砕くための指導ではありません。子どもを伸ばすために叱るのです。「先生は、やればできる子を叱る」「君なら分かると思うから叱る」と伝えることで、子どもは自信をもつことができ、成長しようと素直に叱りを受け入れ、反省することもできるようになります。

●叱りを受け入れる姿勢をほめる

叱る側にとって、叱りを受け入れる姿勢ができていない子ほど、叱りづらいことはありません。些細なことであれば、叱るのをやめてしまおうと指導から逃げたくなります。反対に、叱りを受け入れる姿勢ができている子には、より良くなるように指導したいと思うものです。ですから、子どもを叱る時は、「素直に叱られることはすばらしい」「君は伸びる子だ」と、必ず付け加えることが重要です。教師のひと言で、子どもは叱られることの真の意味を理解し、成長するための姿勢を身につけるようになります。

＋ one point

「叱られることは、大切にされていること」と、子どもに伝えよう！

8 「ユーモア」をもって叱る

――内容の軽重で、叱り方は異なります。少し注意する程度で十分だという場合は、叱る側も、叱られる側も、楽しんでしまいましょう。

●大げさな演技で叱る

脱いだ靴が揃えられていない、名札を腰の位置に付けている、赤白帽をかぶらずに首に引っかけている……。こうした状況・事案にいつも目くじらを立ててばかりいては、子どもはうんざりして反抗的になってしまいます。そんな時には、「たいへんだ！　靴が歩いてる」「えらいこっちゃ！　腰の上に胸がある」「頭が背中にくっついてる！」などと大げさな演技をします。教師のそんな様子を見て、子どもは和やかな気持ちで笑いながら行動を改善します。ユーモアのある叱りで、子どもは意固地にならずにすみます。

●笑顔で伝えて叱る

うっかり気を抜いて誤った行動をした子には、教師が笑顔を向けることで叱りを伝えることもできます。例えば、授業で姿勢を崩している子と目を合わせてニッコリ微笑みを投げかけると、子どもは照れ笑いを返して姿勢を正します。子どもとの信頼関係が築けていればいるほど、日常のほとんどの指導が笑顔の叱りで可能になります。そうなると、関係がさらに良くなり、教室に笑いが絶えず……と、叱りを核にして明るく楽しい学級づくりが可能になります。

●とぼけた態度で叱る

机まわりの床の上に私物が散らかって放ってあったら、その子の目の前で、教師の私物を置きます。「何するの？」という目をして見ている子に対して、「ごめんごめん。ここは物置き場だと思ったよ」とひと言。廊下を走っている子を制止した後、クラウチングスタートの姿勢になって「位置について」とひと声……。

指導したいと思う場面で、わざととぼけた態度をとると、逆に子どもは行動を改善しやすくなります。「やっちゃった」と照れながら、素直に行動を直すことができます。

＋ one point

軽く注意して指導が可能な事柄は、
ユーモアを交えて叱ることで、素直に行動が改まる！

Column 1

期待するから叱る

子どもの間違った行動や人に迷惑をかける行いには、カチンときてしまうものです。しかし、よくよく考えてみると、どの子に対してもカチンとくるのではありません。我が子であったり、自分が担任をしているクラスの子であったり、勤務する学校の子であったりと、自分に関係の近い子の間違った行いに対して、より感情を揺り動かされます。街中で見も知らぬ子が目に余る行いをしていたら、腹は立っても、叱ろうとまでは思いません。

中国の有名な思想家である墨子が、叱りについて次のように言っています。


あるとき、墨子が弟子の耕柱子を叱った。耕柱子が、

「自分には、人に勝るところがないのでしょうか？」

と尋ねると、先生である墨子は、

「太行山に登ろうとする場合、君なら駿馬と牛のどちらに車を引かせるか？」

と問うた。耕柱子が、

「もちろん、駿馬に車を引かせます」

と答えると、墨子は、

「なぜ、駿馬を選ぶのか？」

と言うので、耕柱子は、

「駿馬は叱っても、叱り甲斐があるからです」

と答えた。墨子は、

「私も、君を叱り甲斐があると思うから叱るのだ」

と答えた。


（『墨子』耕柱篇）

私たちが叱るのは、目の前の子を期待しているからです。どうなってもよい子であれば、疎まれるのを覚悟で叱ろうとまでは思いません。ですから、もしも保護者から、「なぜ、うちの子を厳しく叱ったのですか？」と苦情があっても、「期待しているからです」と本心を伝えればよいのです。

期待しているから腹が立ち、厳しくもする。その気持ちが確かなら、叱ることをおそれる必要は何もありません。

Chapter 2

子どもがみるみる変わる！生活指導での叱り方

きまりや学校生活をおくる姿勢など、
生活指導で子どもを叱らなくてはならない日は、
毎日と言っても過言ではありません。
叱りは、子どもを変えるための
貴重な機会です。

1 挨拶や返事をしない

フツウの教師は、

そのつど「挨拶・返事をしなさい」と言う

デキる教師は、

なぜ挨拶が大切であるのかを教える

凄ワザな教師は、

毎日元気に挨拶をして見本を示す

●教師が教え続けても、身につきづらい

挨拶や返事の指導に力を入れている学校や教師は多いのですが、思うような成果はなかなか表れません。「挨拶しなさい」「返事をしなさい」と口を酸っぱくして言えば言うほど、子どもは強制的にやらされている感をもってしまいます。それでは、一時的に特定の人にだけ挨拶や返事をするにとどまり、習慣として身につくことはありません。

●子どもに心地よさを感じさせる

挨拶や返事をすると、相手は笑顔になり、好感をもって受け入れてくれます。挨拶や返事は、もっとも基本的なコミュニケーションであることを、子どもが肌で感じることが何よりも大切です。そのためには、教師から進んで挨拶をし、子どもに「先生！」と呼ばれたらすぐに元気に返事を返して、それを受ける子どもに心地よさをあたえることが必要です。

●心地の悪い「挨拶」は無意味

私たち教師は、「子どもから進んで挨拶をする」ことを強く求めます。確かに、進んで挨拶ができるのは、すばらしいことです。しかし、挨拶を返し、返事を返すことが当たり前の習慣として身についてさえいれば、それがまずすばらしいことだと思うようにしましょう。互いに心地よい気分になるために挨拶をしているのです。無理矢理強制して、気分を悪くしても無意味です。

＋ one point

ゲーム化して、挨拶や返事を楽しみながら身につける方法も取り入れよう！

2 ウソや言い訳を言う

フツウの教師は、

「ごめんなさい」と言わせる

デキる教師は、

ウソや言い訳は悪いことだと理解させる

凄ワザな教師は、

過ちを認めるすがすがしさを体感させる

●表面的な謝罪は逆効果

よく、子どもに「謝りなさい」「何て言うの？」などと謝罪の言葉を強制する叱り方を見かけます。子どもは、教師から命令されれば嫌でも従わざるを得ない立場にありますので、強制的に謝罪させられれば表向きは謝罪の態度を見せますが、本心は納得できないのが人間というものです。表面的な謝罪の強制は、反省には逆効果です。

●頭での理解と実行とは別物

ウソはいけないこと、言い訳は見苦しいものだということは、一年生の子でも分かっています。しかし、たとえ善悪の区別が頭で理解できていたとしても、それを実際に行動に移すことができるか否かは別の話です。悪いと分かっていて、我が身かわいさにウソや言い訳をしてしまうのが人間です。いくら、「ウソはダメ」「言い訳はダメ」と言って聞かせても、実行には結びつきません。

●実体験が子どもを伸ばす

ウソや言い訳をなくすためには、まず自分の過ちを素直に認める姿勢を身につけさせることが必要です。そのために、「何が悪いと思うか？」「どうすれば良かったのか？」を子どもに問いかけながら省みさせるようにします。自分の行いを振り返ることによって、自分の不足を受け入れる姿勢になっていきます。過ちを認め、受け入れることが大切であるという体験が、子どもの素直さを伸ばします。

＋ one point

事実確認を丁寧に行うことで、
ウソは必ずばれることを暗に伝えよう！

3

乱暴な言葉をつかう

フツウの教師は、

「乱暴な言葉をつかってはいけない」と戒める

デキる教師は、

教師自身が常に言葉づかいに気を付ける

凄ワザな教師は、

体験指導で言葉の影響力に気付かせる

●言って直れば苦労はない

言葉づかいの指導に限ったことではありませんが、「やめなさい」「ダメです」などと言葉で伝えて指導しただけで、子どもが成長するのであれば、何の苦労もありません。言葉づかいが乱暴な子は、家庭環境や成育歴に原因がある場合が多くあります。

このような子に対しては、できる限り丁寧に話を聞いてあげ、やわらかい言葉で語りかけるなど、言葉の大切さを伝える指導が必要です。

●子どもは教師の言動をよく見聞きしている

子どもは、教師が考える以上に教師の言動をよく見聞きしています。乱暴な言葉づかいをする教師と長く接していれば、自然に子どもの言葉づかいも乱暴になっていきます。教師は、子どもの模範となるべき存在ですから、子どもの言葉づかいが乱暴だと思ったら、率先して丁寧でやわらかい言葉で子どもに接するようにしなくてはなりません。

●言葉の大切さを実感させる

言葉づかいが乱暴な子は、言葉が相手にあたえる影響力を理解できていません。そこで、できる限りその子の話を聞く機会を多くもち、相手に言葉で気持ちを伝えることの大切さや心地よさを実感させるようにします。また、「こういう時は～と言うんだよ」と、言葉づかいを教えながら受け入れてあげれば、乱暴な言葉づかいをなくそうと気を付けるようになっていきます。

＋ one point

あまりにも乱暴な時は、「その言葉では伝わらない」と、耳を傾けることをキッパリと拒否しよう！

4

教師にため口をきく

フツウの教師は、

その場で言い直しをさせる

デキる教師は、

厳しくサッと表情を変えて一喝する

凄ワザな教師は、

「です」「ます」を習慣づけて授業を行う

●必ずやり直しさせる

特に若い教師は子どもにとっても垣根が低く、まるで友達感覚で話しかけてくることがよくあります。しかし、物事には限度がありますから、「〜しろよ」「〜じゃねえの」などといった教師に対してつかうべきではない言葉で話しかけてきた時は、そのままにしておいてはいけません。必ず、正しい言い方に言い直しをさせることが大切です。

●礼節を欠く態度は許さない

教わる立場にある子どもには、教える立場にある教師を「目上の人」と考えて、相応の姿勢で接するように指導しなくてはなりません。社会の大切なルールを教えることが、教師の役割と心得ましょう。子どもが聞くに堪えないような礼節を欠く言葉づかいをしてきた時は、厳しく一喝します。その程度で関係が悪くなるようでは、日頃の関係の築き方が間違っていたという証拠です。

●「時」「人」「場」の区別を教える

社会で生きていく以上は、その時々の状況に応じて自分で選択して、相応の言葉づかいや態度をとらなくてはなりません。その訓練の場として、授業中は、敬語をつかったり相手を意識した態度に気を付けたりするように指導しましょう。

授業中に敬語をつかう習慣をしっかりと身につけさせることで、教える立場にある教師に対する態度も、自然に相応なものになっていきます。

+ one point

状況に応じて友達感覚でのコミュニケーションも大切だが、礼節を欠く姿勢にはしっかり指導！

5

髪を染めてきたり服装が乱れたりしている

フツウの教師は、

学校は勉強するところだと注意する

デキる教師は、

「格好いい」は見かけではないと気付かせる

凄ワザな教師は、

日頃から魅力や持ち味を自覚させるメッセージを送る

●原則を曲げない

特に高学年は、髪型や服装に興味をもつ年頃です。最近は自分の子の髪型や服装をコーディネートする保護者が増えました。髪染めや服装を改めさせたいところですが、保護者の抵抗が大きい場合があります。しかし、学校にはふさわしい服装があります。髪染めは健康面でも心配です。原則は曲げず、認める発言だけはしないようにしましょう。

●価値観をくすぐる指導を心がける

偉人や活躍しているスポーツ選手などを例に挙げて、本物の格好よさとは、見栄えでは決まらないということ、特に小・中学生のうちは、内面を磨くことが大切であることなどを、機会をとらえて語りかけていきましょう。行事や勉強で子どもたちが努力している姿をさりげなくほめたり認めたりして、努力や意欲的な姿勢が「格好いい」姿であることを染み渡らせていきましょう。

●夢中にさせる授業づくりを心がける

何かに夢中になって取り組んでいれば、子どもの興味は服装やおしゃれで目立つことには向かいません。ですから、学校生活で意欲的に取り組むことのできる活動を行ったり、子どもを夢中にさせる授業づくりをしたりすることが必要です。

授業や行事に真剣に取り組むことによって、子ども同士の関係も密なものになり、奇抜な格好で目立ちたいと思う気持ちもなくなっていくものです。

＋ one point

保護者に受け入れてもらえなくても、
「学校は禁止している」と一貫した態度で伝え続けよう！

6

ルールを守らない

フツウの教師は、

「勝手は許さない」と強く言う

デキる教師は、

他の子の本音を聞かせてルール厳守を促す

凄ワザな教師は、

子ども同士で注意し合うクラスに育てる

●「特例」を認めない

生活指導では、「遊具を独占しない」「キャラクターペンは禁止」といった当然のルールをしっかり守らせることが重要です。教師の目を盗んできまりを破るわけですから、見逃しては、「きまりの番人」としての沽券に関わります。また、特例を許してしまっては、「僕も」「私も」「このきまりも」と無法状態になってしまいます。

●集団への所属意識を利用する

子どもは、友達の目をとても意識します。むしろ教師よりも、抑止力をもっています。その効果を利用して、「これは正しいことか？」と、クラス全員で確認させるようにします。大勢の友達が、きまりを守ることは大切という意を示せば、きまりを破った子は、自分の態度を改善せざるを得なくなります。

ルールは、必ずクラス全員で確認し、徹底していきましょう。

●ルールは集団づくりに直結する

クラスはルールを守ることで統率され、安定します。ルールを守る集団の中で、子どもたちは安心してのびのびと活動することが可能になります。ルールを守る姿勢を育てるということは、クラスを安定させるだけにとどまらず、子ども一人ひとりの意欲的な活動が保障され、子ども同士の関係も良好にしてくれます。

ルールは集団づくりに直結すると心しておきましょう。

＋ one point

集団への所属意識を利用しての指導では、
集団からその子が疎外されないように配慮する！

7

不要な物を持ってくる

フツウの教師は、
「持ってきてはいけない」と禁止する

デキる教師は、
保護者の協力を得ながら指導する

凄ワザな教師は、
ルールの「全員確認」を習慣づける

●「蟻の一穴」をつくらない

本来必要ではない物を持ってくる許可を得るために、子どもはさまざまな方法で教師を試してきます。ですから、いったん持ってきてはいけないと決めた物は、正当な理由がない限りは禁止の姿勢で厳しく子どもに対することが必要です。

もしも、その時の雰囲気に流されて許可してしまえば、他の子にも許可せざるを得なくなったり、他の子から不平不満が出たりと、たいへんなことになってしまいます。

●保護者との連携が不可欠

クラス全体を見ておらず、学級経営について何も分からない保護者の中には、例えば「キャラクターペンくらいなら許容」と考えている人も大勢います。ですから、持ち物のきまりが、学級づくりにどれほど重要なことかを日頃から丁寧に説明し、理解してもらって、協力を得ることが必要です。保護者の協力によって、不要な物を持ってこないという意識がクラスの中に保たれ、きまりを守る雰囲気もできあがります。

●「全員確認」を習慣にする

高学年になれば、「どうして持ってきてはダメなの？」と、反抗的な態度をとる子も出てきます。そうさせないためにも、誰かが不要な物を持ち込んだ時に、クラス全員できまりを確認して、不要な物は持ち込まないことが当然という雰囲気を高めなくてはなりません。学校や学年ルールも、機会あるごとに全員で確認する習慣をつけましょう。

＋ one point

「お守り」など特別な物については、
「他の子に見せない」前提の許可も検討しよう！

8

整理整頓ができない

フツウの教師は、

「整理整頓をしなさい」と注意する

デキる教師は、

整理整頓タイムで片づけるクセをつけさせる

凄ワザな教師は、

整理整頓の必要性を子どもに気付かせる

●荒れたままにしておかない

子どもの机まわりに私物が転がっていたり、机の中に物が乱雑に押し込められていたりするのを、そのまま放っておいてはいけません。乱れが教室中に広がっていき、子どもの集中力が低下し、落ち着きがなくなってしまいます。また、重要なプリントや大切な物がなくなるなどの問題も起こりやすくなります。塵一つない状態までは必要ありませんが、いつもこざっぱりした清潔な教室を保ちましょう。

●定期的にチェック・実行させる

友達との会話や遊びに夢中になって、整理整頓に気がまわらない子がたくさんいます。そこで、授業の最後や帰りの会に、３分間の整理整頓タイムを設ける方法があります。身のまわりや机・ロッカーの中をチェックさせて、ザッと整理整頓して授業を終えたり、下校させたりします。定期的に時間をとって整理整頓を習慣づけることが大切です。

●子ども自身に必要性を感じさせる

授業参観や研究授業など、教室に来客がある前は、整理整頓の必要性に気付かせる絶好のチャンスです。「お客様は、何を見ると思う？」と子どもに声をかけましょう。必ず誰かが「整理整頓しなくては！」と言い出します。友達の言葉に、特に机やロッカーの中が乱れている子は、大急ぎで整理整頓を始めます。

整理整頓の指導も、「困るのは自分」と感じさせることが重要です。

＋ one point

「講座」を開いて、上手な子に整理整頓のコツを教えてもらう機会をつくろう！

Column 2

叱りの新たなステージ

現在、私は、教頭として先生方を指導する立場にあります。「先生方を指導するなぞ、おこがましい」と、教頭職を拝命した頃は思っていました。しかし、よく考えてみれば、教諭の頃に「子どもを指導するなぞ、おこがましい」などと思ったことは一度もありません。子どもを指導するから教師なのです。「指導に自信がない」「指導するような人間ではない」などと思う教師がいたとしたら、教えてもらっている子どものほうこそ不幸です。

「育てたい」「期待している」と、相手を応援する気持ちが本物なら、たとえ言いづらいことであっても、伝えなくてはなりません。そして、その相手が大人であったとしても、教師であったとしても、必要なら叱らなくてはならないのです。それが、その立場に置かれた者の務めであり、責任でもあります。

「立場が人をつくる」とはよく言われることです。教頭という立場になったら、「相手が学校の教師であっても、叱るべきは叱り、教えるべきは教える」という覚悟をもたねばならないことに気付いたのです。たとえ、相手に疎まれるリスクを負うことになっても……。心を鬼にして、歯を食いしばって、若い先生方を育てていきたい。今は、そんなふうに思えるようになりました。

教師という仕事に終わりはありません。私は、若い先生方を育てるという役割をあたえていただいて、新たな教師人生を歩んでいるのだと、改めて気持ちを引き締めています。

Chapter 3

成長をググッと引き出す！学級活動での叱り方

学級活動で生じた課題から、
責任感や自己有用感、協力、協調など、
たくさんのことを学ばせることができます。
子どもの力を伸ばすことを意識して
叱るようにしましょう。

1 当番活動や掃除をサボる

フツウの教師は、

真面目にやるように注意する

デキる教師は、

「忘れたのかな？」と気付きをあたえる

凄ワザな教師は、

「頼りにしているよ！」と自尊感情にはたらきかける

●「見ているぞ」メッセージを送る

当番活動や掃除などは、子どもにとって、できれば逃れたいと考えてしまうような活動です。ですから、最初のうちは、教師の目がなくては、間違いなくサボる子が出てくるものと考えておかなくてはなりません。サボったりやったふりをしたりする子がいたら、必ず声をかけて、しっかり取り組ませるクセをつけましょう。

「いつも見ているよ」というメッセージを送り続けることが大切です。

●ぶつかるだけでは効果がない

一生懸命やるように指導しなくてはなりませんが、いつも厳しい口調や高圧的な姿勢で臨むのは考えものです。特に高学年になってくると、「口うるさい先生」と敬遠されるようになります。「しっかりやろう！」「がんばってるね！」などと励ましの言葉をかけ、一生懸命な姿は大いにほめ、ここぞという時にガツンと叱るほうが効果的です。

●クラスの一員としての自己有用感を高めさせる

当番活動に責任をもって取り組む姿、丁寧に掃除する姿を、クラス全員の前で認め、ほめることで、子どもにクラスの一員としての自己有用感を味わわせることが大切です。「頼りにしてるよ」「みんな感謝してるよ」などの自尊感情にはたらきかける言葉がけで、子どもに「自分はクラスの役に立っている」と実感させ、クラスの一員としての存在意義を味わわせることができます。

＋ one point

掃除サボりや当番忘れは必ず指導し、
できた時には思いきりほめよう！

2 公共物を破損する

フツウの教師は、

破損したことを謝罪させる

デキる教師は、

公共物を破損することの重大性を理解させる

凄ワザな教師は、

後始末の手順を教えて責任をとらせる

●けじめをつけさせる

社会に出れば、故意でも事故でも、公共物を破損すれば、何らかの責任を負うことになります。ですから、小学生のうちから、たとえ故意ではなくても公共物を破損した時は、謝罪させなくてはなりません。もちろん、事情をしっかり聞き取り、その状況に応じて叱り方は変わりますが、公共物を大切に扱う姿勢を身につけさせるという意味でも、けじめをつけさせる指導が大切です。

●「みんなの物」という意識をもたせる

自分の物は大切に扱うのに、公共物はぞんざいな扱いになってしまうのは、「誰の物でもない」という意識からくるのでしょう。公共物は、大切な税金でまかなわれていること、壊れると大勢が困ること、巡って自分自身が不利益を被ることなどを、機会あるごとに考えさせます。「自分を含めたみんなの物」という意識をもたせましょう。

●自身の行いの結果に責任をもたせる

小学生にもなれば、自分のとった行動がどのような結果を招くのか、頭で理解することができます。感情に流され、軽い気持ちでとった行動が、重大な結果を引き起こす危険性があることを実感させるためには、自分の行動の結果に対する責任のとり方を具体的に教える必要があります。責任をとらせることで、考えて行動することの大切さを実感させ、行動の改善につなげることができます。

＋ one point

故意に壊した時は、保護者の協力も得て、
責任の重大さをしっかり認識させよう！

3

クラスの決定事項に不平を言う

フツウの教師は、

「卑怯なことだよ」と戒める

デキる教師は、

反対意見をみんなの前で言えるようにさせる

凄ワザな教師は、

話し合い前のマナー確認を徹底させる

●後からの不平には耳を傾けないのが原則

反対意見があれば、話し合いの席で意見を述べなければなりません。それを、後になって不平を述べるのはルール違反ですから、「話し合いの時に言えればよかったね」とやんわり戒めて、その場では耳を傾けないのが原則です。そのような不平を取り上げて議論するようなことになれば、決定事項に納得している他の子の不満と反発を招いて、大きなトラブルに発展してしまいます。

●自分の意見をみんなの前で発言することの大切さを伝える

話し合いの最中に、子どもたちをよく観察しておきましょう。隣の子に反対の意思を告げていたり、不満そうな顔をしていたりする子を見かけることがあります。そのような子がいたら、自分の意見を全体の場で発言することの大切さを伝えながら、指名して意見を求めたり、そばに行って発言を促したりして、意見を発表させるようにします。

●討論のマナーを身につけさせながら、発言に慣れさせる

話し合いを子どもたちにすべて任せてしまう教師がいますが、話し合いのマナーやルールを教えながら話し合いを進めなくてはなりません。

「意見があれば必ず話し合いの場で伝える」「ある程度の落としどころをわきまえる」「決定事項には従う」「後になって不平不満を言わない」などのマナーは、教えられなければ身につきません。

＋ one point

話し合いに慣れるまでは、
一通り全員の意見を発表させるようにしよう！

4

行事やイベントに参加しない

フツウの教師は、

当然のこととして参加させる

デキる教師は、

理由を聞いて、場合によっては見学させる

凄ワザな教師は、

参加のさせ方の工夫で楽しさを体感させる

●無理強いでは、本当の「参加」にならない

学校行事や学級イベントに参加するのは当然のことで、たとえ子どもが嫌がっても参加させる必要はあります。しかし、それは本当の意味での「参加」ではなく、ただ単に「その場にいる」というだけに過ぎません。行事やイベントに積極的な姿勢で参加させるためには、形式上の参加で良しとするのではなく、指導方法を工夫して、子どもが「心から参加」できる状況にしなくては意味がありません。

●参加しない背景を探る

強制的に参加させるような指導だけではなく、本当の意味での参加を促すためには、参加しない事情を探る必要があります。クラスの友達に馴染めないとか、学校生活が楽しくないなど、その子が学校行事や学級イベントへの参加を拒絶する理由をじっくり聞いたり、生活態度を観察したりして、教師がしっかりと把握するように心がけましょう。

●参加したいと思える活動を工夫する

「参加したい」と思えるような活動を教師が工夫することで、周りの子と同じように学校行事や学級イベントに参加する姿勢にすることが可能になります。特に学級イベントでは、子どもが喜んで参加したくなるような内容を提案して、クラスの友達と一緒に活動することの心地よさや大切さを実感させるようにしましょう。そうすれば、学校行事に対する参加の姿勢も変化してきます。

＋ one point

「カラオケ大会」や「穴掘り大会」など、子どもが興味を示すイベントを提案しよう！

5 給食のおかわりをいつも独占する

フツウの教師は、
ジャンケンで決めさせる

デキる教師は、
おかわりしたい子全員で等しく分ける

凄ワザな教師は、
全員が楽しく食べられるルールを決める

●チャンスは公平にあたえる

早く並んだ子や早く食べ終えた子におかわりの優先権があたえられるといったシステムでは、おかわりのチャンスが公平に保障されているとは言えません。クラスで発言力が強い子や食べるのが早い子だけが、毎日のように好きなだけおかわりを独占することになります。ジャンケンなどで、おかわりをしたい子に公平にチャンスが保障されるシステムづくりをしましょう。

●全員が納得する方法で

嫌いな物は残すのに、好きな物だけはおかわりをするというのでは、他の子は納得しません。全員が納得できるようなきまりが必要になります。例えば、最初に自分で完食できる量を設定しておき、配られたものをすべて食べなくてはおかわりができないといったきまりがあれば、おかわりジャンケンに参加しても不平不満は出ません。できる限り全員が納得できる方法を考えましょう。

●ルールが公平・平等意識をつくる

「たかが給食のおかわり」と考えてはいけません。全員が納得しておかわりするチャンスが保障されるようなルールづくりを話し合う必要があります。ルールに従っておかわりをするチャンスが誰にでもあたえられるシステムによって、全員が楽しく食べることができます。そのことは、クラスに公平・平等の大切さを浸透させることになります。

+ one point

どのようなルールでおかわりをするのか、
クラス全員で話し合うようにしよう！

6　好き嫌いが激しく給食をたくさん残す

フツウの教師は、

食べ残しが出ないように励ます

デキる教師は、

事前に完食できる量を確認して配膳させる

凄ワザな教師は、

スモールステップ方式で自信をつけさせる

●無理をさせると嫌いになる

食べ物の好き嫌いがよくないことは、子どもでも分かっています。それでも、どうしても嫌いな物は喉を通らない子もいます。「残してはダメ！」と無理やり食べさせると、食べた物を戻してしまう子もいます。給食の時間そのものが苦痛になってしまう子さえいます。一生その食べ物が嫌いになる危険性もあります。

あまりにも厳しすぎる給食指導は、控えなくてはならない時代です。

●分量は本人に決めさせる

食べることのできる分量を、教師が勝手に決めると、子どもは最初から「無理だ」と感じてしまいます。そこで、これならがんばって食べることができるという分量を、子ども自身に決めさせて調節させるようにします。もちろん、教師と相談しながら、食べきることができそうだという量に調節させるようにします。自分で決めた分量ですから、食べきれるようになって、徐々に食べられる量も増えていきます。

●「ひと口」が自信になる

ひと口でも食べることができたら、「まだ食べることができるでしょ」ではなく、「やったね！　食べることができたね」という声かけをして、がんばりをほめるようにしましょう。そのひと口が自信になって、次のがんばりにつながります。食べることのできる量は日によって異なるので、励ましはしても、プレッシャーをかけないことが大切です。

＋ one point

教師がおいしく給食を食べる様子を見せ、
給食を楽しい時間だと思わせるようにしよう！

7 食べ物を粗末にする

フツウの教師は、
二度としないと約束させる

デキる教師は、
悪いことだと理解させながら反省させる

凄ワザな教師は、
定期的な食育指導で感謝の気持ちを育む

●「ダメなことはダメ」と教える

早食い競争をしたり、おかずを無茶苦茶に混ぜたりして、食事を遊びにする子がいます。なかには、パンやナッツ類を投げて口に放り込んで遊ぶ子もいます。このような、食べ物を粗末に扱うことは、断じて許されません。こうした様子を見かけたら、必ずストップをかけて、食べ物で遊ぶことは許されないと厳しく指導するようにしましょう。

●悪いと思う気持ちを行動に移させる

食べ物を粗末にする子に、その行為をやめさせるだけではなく、クラスの子全員に、なぜ食べ物を粗末に扱ってはならないのかを考えさせ、二度とやらないように指導する必要があります。世界には、食べ物がなくて餓死してしまう子どもたちがたくさんいることを伝えるなどして、毎日、しっかり食べることのできる幸せを伝え、感謝して食事する心がけを育てていきましょう。

●「食」への感謝は「人」への感謝

給食を作ってくれている調理員さんや、野菜を育てたり魚を捕ることを仕事としている人々、そして、給食費を払ってくれている保護者のことなど、給食を食べることのできる環境に対して、感謝の気持ちをもつことが大切だと教えなくてはなりません。また、マナー指導はもちろんのこと食育などを通じて、給食に関わっている人たちに対する感謝の気持ちをもたせ、食べ物を粗末にすることは間違っていると伝え続けましょう。

＋ one point

冒険物語やサバイバルについての書物を活用して、食べ物の大切さを考えさせよう！

8 飼育動物を傷つける

フツウの教師は、

クラス全員の前で謝罪させる

デキる教師は、

命の大切さについて考えさせる

凄ワザな教師は、

「一人一鉢運動」などの実践で
命の大切さを体験させる

●子どもが抱えている課題を追究する

飼育動物を傷つけるような子には、他人の痛みについて考える体験が不足していることに加えて、何らかのストレスを抱えていることが考えられます。いたずらをしたことに対して、きちんと謝罪させることはもちろん必要ですが、その子が抱えている課題について原因を探り、対応しなくては、根本的な解決に至ることはありません。

●命について考える授業を行う

自分がされて苦痛に感じることは、他人や小動物にとっても苦痛を伴うことだと想像する力を育まなくてはなりません。そのためには、日頃から機会をとらえて、「命」「気持ち」について考えさせることが必要です。いじめや自殺について授業で議論させたり、ケンカや言い争いがあれば相手の気持ちを推し量らせたりして、他人の痛みについて考えさせる場を増やしていきましょう。

●実体験が他人の痛みを想像する気持ちを育む

実体験ほど子どもの心に響くものはありません。もちろん、死や大ケガなどを体験させることは論外ですが、動物の飼育や「一人一鉢運動」などによる植物の栽培などを通して、命の大切さを体験させることは可能です。

飼育動物の世話や花の水やりは、責任をもって行わなくては、動物や花が元気でいられないことを学ばせることで、他人の痛みを想像する気持ちを育んでいきましょう。

＋ one point

飼育や栽培の過程で、
常に命について考えさせるような言葉がけを続けていこう！

Column 3

叱られることは、感謝すべきこと

近頃の子どもたちを見ていて思うのは、「素直に叱りを受け入れることができない子が多い」ということです。

私自身、教頭職を拝命してからは、「仕事において自分を叱ってくれる人はほとんどいない」ことの不安と寂しさを感じています。職場では、唯一校長先生だけが、私を指導してくれる立場にいらっしゃいます。しかし、相当なミスでもしない限りは、叱ってはくださいません。

学級を担任していた頃も、子どもたちに、「叱ってもらえるのはありがたいことだ」と伝えていましたが、今になって、心の底から、そう思えるのです。叱ってくれる人が少なくなることが、これほど私を不安と孤独にさせるとは思ってもみませんでした。親身になって叱ってくれる人がいることで、「いざとなれば、戒めてもらえる」と、思い切って行動することができます。「自分を見てくれる人がいる」と、大きな手に包まれている安心感を得ることができます。

叱られることの少なくなった近頃の子どもたちは、じつはとても不安で孤独を感じているのではないでしょうか。彼、彼女たちを見ていて、そう感じてしまいます。うわべだけの楽しさ、うわべだけの人付き合い……。とてもかわいそうな気がします。幼い頃から叱って伸ばす指導を受けていれば、叱られることの大切さと、叱られることのありがたさを、肌で感じることができるのではないでしょうか。

素直に叱られる力は、自分を成長させる力となり、人から認められる力となり、人の人生を豊かにしてくれるものだと思います。

Chapter 4

学ぶ意欲がどんどん高まる！授業中の叱り方

授業は、学力形成の場であると同時に
人格形成の場でもあります。
学校生活の中心である授業で、
人格形成に関わる力を育てることが、
学力形成にもつながります。

1 授業が始まっても着席しない

フツウの教師は、

すぐに着席するよう注意する

デキる教師は、

遅れた人を待たないと気付かせる

凄ワザな教師は、

時間厳守を徹底して常に定刻に始める

●意識が変わらなければ本当の反省にならない

遊びに夢中になって、チャイムに遅れて教室に戻ってくる子がいます。そして、遅れてきたことを注意して、「次からは時間を守るように」と指導しても、同じ行為を繰り返す場合があります。それは、子どもの中に、時間を守ることが大切だという気持ちが根付いていないことが原因です。いくら教師に厳しく注意されても、その場限りのことで、本当の反省にはならないことが多いのです。

●待つことは「遅刻」を容認すること

チャイムが鳴ったら、教室に戻ってきていない子がいたとしても、授業を開始するようにしましょう。全員が揃うまで待って授業を開始することは、たとえ遅れた子を厳しく注意したとしても、結果として遅刻を容認していることになります。すると、他の子たちにまで「遅れても先生は待ってくれる」と思わせてしまうことになり、クラス全体が徐々に時間にルーズになってしまいます。

●教師が時間を守れば、子どもも守る

子どもたちが時間を守って教室に入っているにもかかわらず、教師がそこにいないということでは、子どもたちに「少々遅れても大丈夫なのだ」と、間違った認識をもたせることになってしまいます。時間を守る習慣をつけさせたいと思えば、教師自らが時間厳守の姿勢を貫き、チャイムと同時に授業を開始する体制を整えることが必要です。

＋ one point

全員揃っていない時は、前時の復習や読書など授業の進度に差し障りのない内容となるよう工夫しよう！

2 授業に必要な物をよく忘れる

フツウの教師は、

忘れないように注意して、代用品を使わせる

デキる教師は、

忘れない方法をその子に合わせて考える

凄ワザな教師は、

子ども自身に解決方法を考えさせる

●教師が解決してしまっては意味がない

「コンパスを忘れました」などと報告にくる子は、「先生が何とか解決してくれるだろう」と助けを求めてきています。「なぜ忘れたのか？」「あれだけ忘れるなと言ったのに」などと厳しく注意しても、その後に「先生の物を使いなさい」「隣のクラスの子に借りなさい」などと教師が解決してしまっては、同じことを繰り返すことになります。

●保護者と協力して取り組む

忘れ物を繰り返す子は、その日の持ち物の確認を家庭で行う習慣が身についていません。ですから、保護者の協力を欠かすことができません。忘れ物が多くなってきたら、家庭に連絡を入れて、次の日の準備確認を保護者と一緒に行うように協力を求めなくてはなりません。また、特別な持ち物が必要になる場合には、あらかじめ家庭に連絡を入れて、準備しておくようにお願いするようにしましょう。

●困るから、真剣に考える

忘れ物をすると、「叱られるのが怖い」のではなく、「授業で自分自身が困るのだ」ということを分からせなくてはなりません。そのために、忘れ物をした子には「何か解決策を考えているか？」と問うようにしましょう。教師は解決してくれないこと、自分で考えなくてはダメなことを教えるためです。困るのが自分だと身をもって経験することで真剣に考え、忘れ物をなくすようになっていきます。

＋ one point

「先生忘れました」と言ってきたら、
「それで、どうする？」と問い返すようにしよう！

3

椅子に正しい姿勢で座れない

フツウの教師は、
すぐにやめさせる

デキる教師は、
事故になる危険行為であると厳しく戒める

凄ワザな教師は、
日頃からの頻繁なチェックで正しい姿勢を身体に覚え込ませる

●乱れをそのまま放置しない

机に肘をついて話を聞いたり、落ち着きなく椅子をガタガタ鳴らしたりと、授業中の子どもの姿勢には気になるものがあります。そのままにしておくと、教室の緊張感が失われ、そのうちおしゃべりをする子や手遊びを始める子、ついには立ち歩く子まで出てしまいます。授業の乱れは、子どもの姿勢の乱れから始まります。そのままにしておかず、必ず正すように指導しましょう。

●危険につながる行動は厳しく戒める

椅子でバランスをとって授業を受ける子をよく見かけますが、危険を伴うので、必ずやめさせるように指導しましょう。実際に私のクラスでも、頭を打ったり倒れて突き指したりしてケガをした子がいました。たとえ授業中でも、気を緩めたりふざけた行為をしたりすれば、大きな事故につながることをしっかり伝えなくてはなりません。

●乱れた様子が見られたら、即チェック

筋力や集中力の低下が原因なのでしょうか、特に最近の子どもは、背筋を伸ばした姿勢を保つことが苦手です。正しい姿勢を保つのも、日頃からの訓練が必要です。

子どもの姿勢が乱れてきたら、「姿勢を正して」「背筋をピン」などの言葉がけを行い、姿勢を正すように指導しましょう。日頃の細やかな指導によってでしか、正しい姿勢を保つ訓練をすることはできません。

＋ one point

文字を書く時の姿勢も意識して正し、よい姿勢を維持する訓練をさせよう！

4 おしゃべりしたり、こっそり遊んだりしている

フツウの教師は、

授業妨害であるとやめさせる

デキる教師は、

「みんなの前でやりなさい」と公開を求める

凄ワザな教師は、

発問や指名の工夫で遊んでいる場合ではないと思わせる

●周囲の迷惑を考えさせる

授業中のおしゃべりも、こっそり漫画を読んだり遊んだりしていることも、他の子にとっては、集中力を散漫にさせてしまいます。その子にとって、授業に参加しないことは不利益であることはもちろんのこと、周りの子にとっても迷惑なことであると、指導しなくてはなりません。授業中、クラス全員で真剣に取り組む雰囲気を壊す行為には、しっかり対処することが重要です。

●少し厳しめの指導をする

言葉だけで戒める方法もありますが、周囲に迷惑をかける行為であると理解させるために、時には少し厳しく指導しましょう。例えば、「今の話を、前に出て発表してみて」「みんなに、その遊びを紹介して」などと、こっそり隠れてやっている行為を全体の前で公開させ、戒めるようにします。この方法は、子どもを深く反省させ、おしゃべりや遊びを瞬時にやめさせる効果があります。

●参加せざるを得ない状況をつくる

何よりも授業に真剣に参加しなくてはならないという状況を、教師がつくらなくてはなりません。例えば、ノートに考えを書かせたり、発表場面を多く設けたり、ランダムに指名していつ指名されるか分からないという状況をつくったりすることで、真剣に取り組まなくてはならない緊張感を子どもたちから引き出すことができます。

＋ one point

確実に授業へ全員参加させるために、
「できていない子」の把握に努めるようにしよう！

5

勝手に立ち歩いて授業を妨害する

フツウの教師は、

授業を中断して、席に座るよう注意する

デキる教師は、

授業をどんどん進めていく

凄ワザな教師は、

妨害行為は注目されないと気付かせる

●中断することは、注目すること

立ち歩きなどの授業妨害行為には、即座に授業を中断して注意し、指導したくなります。しかし、注目されたくてわざと授業を妨害する行為をしている場合、教師のその指導方法は誤った行為に対して「意義」をあたえてしまうことにつながります。妨害行為をした子どもにすれば、「してやったり」といったところなのです。教師がキッパリとした態度で「間違った行いには取り合わない」という姿勢を示すことが必要です。

●子どもと同じレベルに立たない

厳しく指導しようとしても、「やめさせられるものなら、やめさせてみてよ」と、こちらの神経を逆なでするような態度に出る子もいます。教師が感情的になるのを誘っているのです。このような態度に対して感情的になることは、まさに子どもの思うつぼです。あくまでも冷静沈着を心がけ、ひと言注意した後は、相手にせず授業を進めるほうが効果的です。

●間違った行動に「意義」をあたえない

感情的になって指導することは、子どもに「あなたに注目しているよ」というメッセージを送ることです。「迷惑になるから、やめてね」とひと言注意して、後は何事もなかったかのように授業を進めることで、「相手にしないよ」というメッセージを送ります。子どもの間違った行為は相手にしないことを、冷静な指導態度で伝えることが重要です。

＋ one point

授業妨害をしなかった時には、しっかり授業に参加していることをほめることを忘れずに！

6

分からない子や運動が苦手な子をバカにする

フツウの教師は、

授業をいったん中止して厳しく戒める

デキる教師は、

クラス全体の問題として考えさせる

凄ワザな教師は、

失敗や間違いを奨励して
プラス思考のスポットをあてる

●人をバカにする風潮は即座に一掃する

できない友達をバカにするような発言や態度が見られたら、すぐに授業を中断し、「今の言葉をもう一度言ってごらん」「何がおかしいのか説明してごらん」と厳しく指導しなくてはなりません。仕方のないこと、些細なことと考えてそのままにすれば、どんなに小さな失敗でも笑われるという雰囲気をクラスにつくってしまいます。

人の間違いをバカにする言動には厳しい姿勢で臨みましょう。

●クラス全体の問題として取り上げる

授業の楽しさは、自分の考えを間違いをおそれずにリラックスして発言し、交流させるところにあります。間違いをバカにして楽しく学ぶ雰囲気を壊す態度は、クラス全体で一掃する必要があります。「今の言葉を許せる人？」「間違いをバカにするのは正しいことか？」と全員に問いかけ、リラックスして学ぶ雰囲気を教師が主導して守ります。

●教師自身が失敗や間違いを認める姿勢を

分からない子や運動が苦手な子をバカにする風潮は、日頃の教師の授業に対する取り組み方から生まれることが多いと言っても過言ではありません。

できない子の姿に困惑した表情をしたり、正解だけを取り上げたりするのではなく、間違いをもとに授業を進めたり、できない理由を分析したりする授業の進め方を工夫することで、失敗や間違いを大切にする雰囲気を授業でつくっていきましょう。

＋ one point

時には難問を提示して、
「分からないことがあって当然」ということを実感させよう！

7

答え合わせのごまかしやカンニングをする

フツウの教師は、

二度としてはいけないと厳しく指導する

デキる教師は、

その場は見て見ぬふりをして、後で話をする

凄ワザな教師は、

間違いが人を成長させると理解させる

●必ず一対一の個別指導を

答え合わせのごまかしやカンニングは、もっとも恥ずかしい行為であることを、どの子も分かっています。こっそり行った不正がばれると、友達の信頼を失いかねません。ですから、もし、このような行為を見つけたとしても、他の子がいるところで注意するのは避けなくてはなりません。指導する時は、必ず一対一で個別に行うようにします。

●子どもの良心に訴えかける

不正をして点数を上げたり、丸の数を増やしたりしたところで、その子にとって本当に喜ぶべきことにはなりません。「うれしいですか？」「本当に良かったと思えるのかな？」と優しく問いかけて、子どもが「卑怯なことだった」と心から思えるような指導に努めましょう。二度とやらないことが大切であることを伝えて、「信頼しているよ」とひと言告げ、後は子どもの良心に任せるくらいで十分です。

●日頃の教師の取り組みが重要

自分を良く見せたいという気持ちや親のプレッシャーによって、不正をはたらく子がほとんどです。ですから、その場の指導だけでは、不正行為に至る根本に訴えかけることはできません。日頃から、思うような結果が出なくても努力を続けることが大切なこと、自分に恥じない行いが大切なことなど、正直さや誠実さについて考えさせる指導を、授業だけではなくあらゆる場面で行うことが重要です。

＋ one point

不正な行為そのものより、
不正をする子どもの「根」にあるものを考えていこう！

8

校外学習や遠足などで勝手な行動をとる

フツウの教師は、

勝手な行動を発見したら逐一注意する

デキる教師は、

班を中心にチェック体制をつくる

凄ワザな教師は、

きまりを守れたら自由をあたえて責任感を芽生えさせる

●些細なこともしっかり観察

校外学習などは、どの子でも気持ちが高揚します。きまりを忘れたり、人の迷惑を顧みない行為をするなど、勝手な行動をとる子がいて当然です。勝手な行動は、例えば列をはみ出して歩いたり、勝手に並び順を変えたりという行いから始まります。話を聞く姿勢、列の順番など、些細なところをしっかり観察し、乱れていたら即座に指導します。

●「友達の力」は教師以上

校外学習では、班行動を中心にするのが原則です。集合や整列するのはもちろん、話を聞く態度や周りに迷惑をかけないようなきまりなどを、班ごとにしっかり守らせるような体制をとりましょう。班長を中心に、ある程度のことは子どもに任せて、教師の目が行き届かないところを、子ども同士で注意し合うようにさせます。そう指導することで、勝手な行動を防ぐことができます。

●やる気を高めて責任感を育てる

日頃から、集合や整列、ルールの遵守など、班長を中心に自分たちで考えて行動するために必要なことを学ばせておきましょう。自分たちの力できまりを守れるようになれば、ある程度の自由があたえられることが分かれば、子どもはやる気をもって活動するようになります。自分勝手な行動は、結局損になることだと実感させることができ、それが責任感を育てることにつながります。

＋ one point

**日頃から班行動を学ばせ、
教師の指示がなくても行動できる子に育てよう！**

Column 4

体罰について思うこと

　学校現場で事件が起こる度に、教師の体罰が世間で大きく取り沙汰されています。体罰は、精神的・肉体的に子どもに打撃をあたえる、許されざる行為です。体罰をした教師は、「愛のムチ」だったと信じて疑いません。体罰を容認・賛同する大人の中には、「子どもに対する思いや愛情が、世間に受け入れられないだけ」と考えているように思われます。しかし、果たして本当に、「子どもへの思いや愛情」といったものが、体罰を加えてしまう根源にあるのでしょうか。

　荒っぽい言葉で子どもを怒鳴る時や思わず手が出てしまった時には、頭の中は怒りの感情で満たされています。つまり、「自分の思いがなぜ伝わらない」「自分はこれほど心配しているのに」と、相手に自分の指導や気持ちが伝わらないもどかしさで、感情がかき乱されている状態です。それは、相手のためではなく、自分自身の怒りや憤りに支配されているということに他なりません。ですから、体罰によってでは、教師の思いが子どもに届かないのは当たり前なのです。

　このことは、「君のためを思ってのこと」「愛のムチ」といくら教師が思っていたとしても、子どもが納得できずに、保護者や他の教師に相談をして、問題行動として騒がれてしまうことを考えても明白です。

　体罰は、「愛情さえあれば、気持ちは子どもに届く」という教師の思い上がりに過ぎません。法律で禁止されているからという理由ではなく、体罰を容認することはできません。

Chapter 5

クラスのまとまりがアップする！友達関係の叱り方

子どもが本気で取り組み、
本音で友達と関わる中で生じるトラブルを、
「人と関わるために必要な力を養う学びの場」
「クラスをまとめる場」にできるような
叱り方を目指しましょう。

1 すぐに友達に暴力をふるう

フツウの教師は、

暴力をふるった相手に謝罪させる

デキる教師は、

別室で落ち着かせて反省を促す

凄ワザな教師は、

じっくり話を聞くとともに、言葉による意思疎通を学ばせる

●暴力はすぐにストップをかける

ある程度のケンカは、少し観察をして様子を見てもよいのですが、暴力をふるう段階になれば話は別です。もし、ケガをすれば、暴力をふるわれた子だけではなく、暴力をふるった子もたいへんなことになります。子どもが手を出しそうになる前に中断させ、引き離さなくてはなりません。どんなことがあっても、暴力はいけないことだと伝え、後で暴力をふるったことに対して謝罪させます。

●冷静にならなくては考えられない

暴力をふるった子は、感情的になっています。感情的になっている子に対しては、どのような指導を行っても、反省しませんし、謝罪させることもできません。少し時間をおいて冷静にさせてから、指導しましょう。指導では、暴力をふるうと、どのような結果になるかしっかり教えて、暴力では問題が解決しないことを理解させましょう。

●言葉で伝えられれば手は出なくなる

すぐに暴力をふるう子には、言葉で自分の気持ちを伝えることが苦手な子が多くいます。言葉が出ないので、自分の感情を暴力というかたちで相手に伝えるしかないのです。日頃から、子どもの話を聞くことに努めるとともに、子どもに自分の気持ちを言葉で伝えさせるようなトレーニングをしましょう。

言葉で伝えることができるようになれば、暴力をふるうことは少なくなっていきます。

＋ one point

暴力をふるう子と会話する機会を増やし、意思疎通のスキルを学ばせていこう！

2 ケンカをしても謝らない

フツウの教師は、

双方に謝らせる

デキる教師は、

理由を聞いてから謝罪させる

凄ワザな教師は、

何が相手を怒らせたかを振り返らせる

●無理に謝らせると問題が起きる

「喧嘩両成敗」と言われるように、ケンカの後は、互いに謝罪をさせて終わるのが理想です。しかし、そもそも子どもが納得していないのに、謝罪をさせるといった形式にとらわれ過ぎるのは間違いです。後になって、「悪いのは相手であって自分ではない」という気持ちが大きくなり、遺恨を残したり、保護者からの苦情につながったりして、問題が大きくなる危険性があります。

●言い分を聞いてもらうと納得できる

ケンカをするには、双方にそれなりの事情があるものです。仲裁役の教師の役割としては、まずは互いの言い分に対してしっかり公平に耳を傾けることから始めなくてはなりません。「そうか、そうか」と聞いてもらうことで、子どもは落ち着きを取り戻すことができ、そこから教師の指導を納得して聞き入れる状態になっていきます。

子どもを、教師の指導に納得できる状態にすることが必要です。

●自分の行いを振り返れば、反省して謝罪できる

教師の一方的な指導によってでは、子どもは心から反省し、謝罪する気持ちにはなりません。「何が相手を怒らせたと思うか？」「どうすればケンカにならなかったと思うか？」と、子どもに自分の行動を振り返らせるような指導を行うことが大切です。自分の行いを振り返ることで、納得して反省もし、謝罪することができるようになります。

＋ one point

ケンカは人間関係を築くための「大切な学びの場」と考えて指導するようにしよう！

3　自己中心的な行動をとる

フツウの教師は、

自分勝手は友達の迷惑になると気付かせる

デキる教師は、

家庭環境などストレスの原因から対応する

凄ワザな教師は、

子ども同士で注意し合える関係を築かせる

●客観的な立場での見方を伝える

自己中心的な行動をする子の中には、自分の行動が友達に迷惑をかけていることに気付かない子がたくさんいます。中学年にもなれば、客観的に自分の行動を考えることができ始めるのですが、そうした子は客観的に考えるトレーニングができていません。

そこで、自己中心的な行動が見られたら、「逆の立場だったら？」と考えさせて、客観的な立場で物事を見ることの大切さを教えていきましょう。

●原因に応じた対応をとる

じつは、自己中心的な子の多くが、「もっと自分を見てほしい」「自分にかまってほしい」というストレスからくる欲求を抱えています。日頃から触れ合う機会を増やして、「見られている」「大切にされている」ことを実感させるようにしましょう。

また、学校の中だけに問題があるのではなく、家庭環境に原因がある場合が多くあります。機会をつくって保護者と話をし、協力を願い出ましょう。

●友達の言葉を受け入れる姿勢を育てる

相手の気持ちを想像して自分の行動を決定していく経験を増やさなくてはなりません。そのために、日頃から、子ども同士で話し合い、注意し合える機会を意図してつくる必要があります。当番活動や授業での班活動などを活用し、子ども同士が交流する場を設けます。関わりが多くなれば、自分勝手な行動はなくなっていくはずです。

＋ one point

クラスの子全員が本音を出せるクラスになるよう、楽しいイベントを工夫しよう！

4

友達の物を隠したり取ったりする

フツウの教師は、

人の物に勝手にさわらないように注意する

デキる教師は、

人の物に勝手にさわらない姿を徹底して見せる

凄ワザな教師は、

その子の背景を探り、周囲と連携・対応する

●一般社会のルールの厳しさを教える

他人の物を勝手に隠したり取ったりすることは、一般社会のルールに反しています。そのことは、たとえ学校でも許されることではない犯罪的な行為です。子どもを注意する時は、そのことを伝えて、厳しく指導する必要があります。

学校だから許されると子どもに思わせないように、日頃から、他人の物は勝手にさわらないこと、自分の物はしっかり管理するように指導していきましょう。

●教師だからといって勝手に子どもの物に触れない

教師であっても、子どもの物を勝手にさわっていいはずはありません。たとえ子どもの机やロッカーが乱れていたとしても、その子が見ているところで触れるように心がけなくてはなりません。そして、その徹底した姿を子どもたちに見せることが、社会のルールを守ることの大切さと厳格さを子どもに教える手本になっていきます。

●精神的な課題を抱えていることを疑う

何の必要性もないのに、他人の物に手を出すことが日常的になっている子がいますが、そのような子は、精神的に何かストレスや課題を抱えていると考えるべきです。保護者の知らない持ち物はないかなど、家庭の協力を得ながら指導を続けていくしかありません。また、頻繁に持ち物がなくなる子には、いじめを疑い、持ち物や友達関係をしっかり観察していくと同時に、周囲と連携しながら対応していく必要があります。

＋ one point

持ち物が頻繁になくなる場合は、
学校全体で課題に対応することが必須！

5

特定の友達としか交わらない

フツウの教師は、

いろいろな子と交わることの大切さを伝える

デキる教師は、

「好きな者同士」のグループづくりはしない

凄ワザな教師は、

本気と本音で「新しい発見」をさせる

●「不自由な関係」から解放してあげる

小学生のうちは、さまざまな友達と接して、人間関係の築き方や自分の可能性を見つけることを学ぶ時期です。特定の友達としか活動しようとしない子は、その子だけではなく、相手の子にとっても良い環境にいるとは言えません。このような「不自由な関係」から解放し、視野を広げるための環境をつくることが、教師の役割です。

●教師主導で「交流」を広げる

日頃の授業や学校生活のあらゆる指導の中で、できる限りたくさんの友達と関わる機会を意図的につくるようにしましょう。好きな者同士にならないようにグループづくりを教師主導で行ったり、委員会やクラブ、当番活動などを選ぶ際は、「誰とやるか？」ではなく「何をやりたいか？」を重視することの大切さを伝えたりすることで、多くの子と活動させるようにしていきましょう。

●「本気」と「本音」で気付いていなかった自分や友達の姿を引き出す

限られた友達関係の中では、本当に自分がやりたいことや、自分の知らなかった気持ちや力に気付くことができません。そこで、学級イベントや学校行事の場を楽しませる工夫をして、子どもを本気にするように仕掛けます。本気になることで、自分の本当の気持ちを出しながらさまざまな友達と関わる機会が得られ、自分自身や友達の知らなかった姿に気付くなど、新しい発見をすることができます。

＋ one point

授業やクラスが楽しければ、
特定の友達やグループに固執する気持ちはなくなる！

6 ひとりぼっちになることが多い

フツウの教師は、

個別に相談にのる

デキる教師は、

班決めや授業中に全体指導を行う

凄ワザな教師は、

子どもが夢中になる活動で仲間づくりを進める

●軽率な指導は事態を悪化させる

ひとりぼっちの子がいると、担任としてはとても気になるところです。できるだけ早く、他の子と楽しく活動することができるようにしてあげたいと考えてしまいます。

しかし、他の子どもたちを呼んで、仲よくするように指導するのは、軽率と言わざるを得ません。子どもたちが、本心からその子と何のわだかまりもなく交流することができるような手立てを打つことが必要です。

●教育活動全体を通して指導する

「みんな仲よくしなさい」といった言葉だけの指導で、ひとりぼっちになる子がいなくなれば苦労はしません。何の違和感もなく子どもたちが仲よく活動するように、授業で交流場面を増やしたり、学級イベントで楽しさを共有させたり、当番活動で苦労をともにさせたりと、教育活動全体を通してはたらきかけながら、本当の意味で仲よくできるように指導することが大切です。

●本音をあぶり出すことが重要

あからさまな「いじめ」ではなくても、何となく他の子から敬遠されがちな雰囲気には、嫌なものを感じます。そうした状況には、子どもたちの本音をあぶり出すことから始めなくてはなりません。子どもたちが夢中になる楽しい活動を仕掛けることで、本音を引き出すようにしましょう。本音をぶつけ合わせることで、本当の交流が始まります。

+ one point

ひとりでも好きなことができる、
周りに無理に合わせる必要のない「自由なクラス」を目指そう！

7

仲間はずしをしたり陰口を言ったりする

フツウの教師は、

原因を聞き取った上で謝罪させる

デキる教師は、

日頃からクラスの中で本音を吐き出させる

凄ワザな教師は、

些細な兆候を素早くとらえ、芽を摘み取る

●教師が知った時は既に問題は進行している

いじめは、いたずらのような小さな事象から徐々に進行していきます。教師が「いじめ」と判断した段階では、解決することがかなり困難になっています。ですから、担任一人の力だけで「やめなさい」というような通り一遍の指導で解決することはできません。いじめ事象を把握したら、学校全体の問題として取り組むことが必要です。

●問題を表に出せる「本音」の学級経営を

日頃から子どもたちが本音を出して、時には意見をぶつけ合い、ケンカをするような関係を築いておけば、一人の子を標的にする陰険ないじめは起こりません。教師の立場からしても、日々子どもたちが本音をぶつけ合っていれば、その場で即座に指導することも、友達関係を把握することも可能になります。

子どもたちが本音を出すことのできる学級経営を心がけましょう。

●いじめは防止がもっとも重要

どんなにスーパー教師であったとしても、大きくなってしまったいじめを解決に至らせるには、かなりの労力を要します。根本からすべてを解決することは不可能と言っても過言ではありません。

いじめを解決する唯一の方法は、友達関係の些細なトラブルをそのつど発見し、早期に解決してわだかまりを残さないようにすることしかありません。

＋ one point

間違いを受容し、意見交流を活発にする授業づくりが、いじめを防ぐ最善の方法！

8 SNSなどで勝手に友達の個人情報を流す

フツウの教師は、

流した情報は削除・回収不可能だと理解させる

デキる教師は、

家庭と協力してマナーを身につけさせる

凄ワザな教師は、

些細なきまりも徹底して厳守させる

●想像以上の大問題だと認識させる

目の前のモニターが世界とつながっているとは、子どもには想像すらできないことでしょう。「自分の恥ずかしい姿を人に見られても耐えられるか？」「世界にその姿を配信されるおそれがある」などと、少々オーバーであっても子どもたちに厳しく伝える必要があります。ましてや、友達の個人情報をネットに公開すると大問題になることも、機会あるごとに理解させていかなければなりません。

●保護者の危機意識を高めることが必要

最新の機器などは、保護者の世代では対応に苦慮するかもしれません。だからと言って、大人が手をこまねいているわけにはいきません。低学年の頃から保護者にもＳＮＳの危険性について啓発していき、協力して対応することが大切です。

もしも、友達の個人情報を流してしまった場合、保護者にも監督責任があり、賠償も起こり得るなどを説明し、保護者の危機意識を高めていくことが必要です。

●他の生徒指導と「根っこ」は同じ

「人の中傷はしない」「きまりを守る」……ということを、学校でも家庭でも昔から子どもに指導してきました。時代が流れてパソコンやスマートフォンが登場しても、自身の安全を守るため、人に迷惑をかけないためといった生徒指導の基本はまったく同じです。日頃から、きまりを守る子どもに育てる指導を徹底することが、最大の対処方法です。

＋ one point

SNSで知り合いをつくることは危険であることを、子ども・保護者に伝えよう！

Column 5

自然に「襟を正させる」人格

自分を大きく見せるために本心を偽り、卑屈になり、分不相応な態度をとり、体裁を取り繕ってしまう……。そういう姑息な自分の姿を、見透かされ叱られているような気にさせられる人物がいます。特に何と言って注意されているわけでもないのに、その人と一緒にいるだけで、こちらのほうから自然に襟を正さざるを得ない気分になってしまうような人です。それは、その人が「本物の人格者」であるからに他なりません。もっとも恐ろしい人というのは、このような、「こちらが自然に襟を正してしまうような人格者」ではないかと思います。

私たち教師は、子どもたちから「先生にウソは通用しない」と思わせるだけにとどまらず、「先生の前では、取り繕う自分が恥ずかしくなる」と思わせるような人物であることを目指さなくてはならないと思います。つまり、教育の技術や理論に長けることを追い求めるだけではなく、自身の人格を磨く努力をしなくてはならないのではないかと、強く思っています。

植草学園大学名誉教授の野口芳宏先生は、次のようにおっしゃっています。

「教師は子どもを改善するための研究に邁進する傾向があるが、それ以上に、自分自身を高めるための修養をしなくてはならない」

特に、現在、多くの教師が日々仕事に追われて、自分を高めるために割く時間が少なくなっています。読書さえしない教師の何と多いことか。私たちは、人から「先生」と呼ばれるにふさわしい教師になるべく、人格を磨くための時間を無理してでも捻り出す必要があります。

Chapter 6

ここが肝心！叱ってからのアフターケア

子どもの成長を願った上での指導であれば、
叱りっぱなしということはあり得ません。
叱った後のフォローの善し悪しで、
叱りの効果に大きな違いが現れます。

1 正しい叱り方の鉄則は「叱り＋フォロー」

――子どもの成長にとって、叱りを効果的にするために、子どもの気持ちを前向きにする観察と指導の継続といったフォローが重要です。

●叱りながらフォローする

「怖い」「嫌だ」「避けたい」……。叱りの指導は、どうしてもマイナスイメージを伴います。しかし、間違った行いを反省し改善するためには、他の人に指摘してもらわなくてはなりません。未熟な子どもであれば、なおさらです。過ちを指摘され、反省を促されるから、人は成長します。叱りの中で、そのことを伝えることで、子どもの受けとめ方は大きく変わります。「ここで気付けたから、叱られてよかったと思うよ」などのひと言を、必ず指導の中に入れることが必要です。

●子どもに対する願いを伝える

いくら叱られても、子どもが親のことが大好きで信頼できるのは、「自分のことを愛してくれている」「自分を一番大切だと思ってくれている」と感じているからです。教師が親と同じレベルになることは到底不可能だとしても、「あなたが大切」「あなたの成長を願う」という気持ちをもたなくてはなりません。そして、その思いを、常日頃から子どもに伝えていかなくてはなりません。

教師の子どもに対する願いや思いが、叱りのフォローになっていくのです。

●叱りが「意欲」と「希望」につながるように

叱られる前は、「嫌だ」「逃れたい」と思ったとしても、叱られた後で、「次からしっかりやろう！」「自分にもやれる！」と、その後の意欲や希望につながるような叱り方を目指さなくてはなりません。そのためには、単に子どもの悪い点や改善点を指摘するだけの叱り方では不足です。自身を振り返りながら反省させることで、改善の意欲や今後の希望が湧いてきます。そこに、教師がひと言、賞賛や期待の気持ちを伝えることで、子どもは自信をもつことができます。

＋ one point

正しい叱り方は、子どもに自信をあたえ、意欲と希望につながる！

2 パッと切り替え、笑顔で通常モード

――いつまでも「叱りモード」を引きずってはいけません。指導後は、気持ちを素早く切り替え、笑顔に戻りましょう。

●感情に身を任せない

叱りに限らず、子どもを指導する時は、子どもの言動に感情がカツンと刺激されることがきっかけになります。特に叱って指導する場合、よくよく気を付けなくては、感情が激しく揺さぶられてしまいます。感情に身を任せていると、どんどん怒りが増幅して

いき、ついに抑えきれなくなって、子どもに感情をぶつける危険性があります。それは、もはや叱りではなく、単なる憂さ晴らしになってしまいます。

冷静に叱るためにも、気持ちを切り替える余裕をもちましょう。

●子どもの「上」をいく

「叱りモード」を長く引きずるというのは、怒りの感情が収まらなかったり、子どもを叱った後の気まずさから抜け出せなかったりと、気持ちの切り替えができない未熟さが原因と言えます。叱られて、気持ちが切り替えられなくて困っているのは、子どものほうです。そして、そんな子どもを元気に戻してあげるのが教師の役割です。

教師は大人ですから、当然子どもと同じレベルではいけません。叱った後に気持ちを切り替えて、通常モードで子どもに接するようにしましょう。

●切り替えが次の叱りにつながる

つい先ほどまで厳しい顔をして怒っていた教師が、指導が終わったとたん、笑顔で通常モードに変わる姿は、子どもからすると、つかみどころのない怖さを感じるものです。「先生は何もなかったような様子だけれど、本当のところは、どう思っているのだろう？」と本心が分からない怖さです。

この切り替えの早さは、子どもの指導にとても役立ちます。叱った後の子どものフォローのためにも、次の叱りのためにも、気持ちをすぐに切り替えることは重要です。

＋ one point

気持ちを素早く切り替える力は、
指導力に直結する！

3 常に発信！「見てるよ」メッセージ

――教師に見られていると感じれば、子どもの行動は変わってきます。良い行いを心がけ、悪い行いを戒める力を発現させるのは、教師の眼力です。

●意識をクラス全体に置く

誰か一人の子を指導していたとしても、全神経をその一人の子だけに集中するのは考えものです。指導している間にも、他の子は活動しています。同時に、別の子が危険な行為をしかけていないとも限りません。クラスを預かる担任は、常に意識の一部をクラス全体に向けるアンテナを張り続けておかなくてはなりません。

子どもがおかしな動きをしたり、気になる言葉を発したりしたら、すぐにその方向の意識レベルを上げる力を高めましょう。それが、「見ているよ」メッセージになります。

●振り向けば「変身」できる力を

ある子と楽しく会話をしていても、後ろのほうで友達をバカにするような言葉が聞こえたり、ルールを破るような雰囲気を感じたりしたら、振り返って「今のは、どういう意味ですか？」「ルールを守れないのは誰ですか？」と厳しい表情に変身できるようにしましょう。「どうして、先生にばれたの？」「後ろに目があるの？」と子どもに思わせるくらい、子どもの言動を感じ取る力を身につけたいものです。そうしたワザは、日々の努力の積み重ねによって、獲得することが可能です。

●「引っかかり」は納得するまで追究

子どもを指導していると、子どもの話のつじつまが合わなくなったり、ほんのわずかな「引っかかり」があったりすることがよくあります。優しく穏やかに聞いていき、少しでも引っかかりを感じたら、納得できるまで追究することが大切です。しかし、逃げ場がなくなるまで、子どもを追い詰める必要はありません。「先生には見透かされているかも……」と子どもに思わせるのがねらいなのです。「先生はごまかせない」と思われるように、「引っかかり」を大切にして子どもを指導しましょう。

＋ one point

子どものわずかな変化を見逃さない力が、
効果的な「見てるよ」メッセージになる！

4 少しでも改善が見られたら、しっかりほめる

――叱られた後、子どもが行動を改めようとする姿を見逃してはいけません。反省の姿勢を認められることで、改善の意欲が高まり、教師に対して信頼感を抱いていきます。

●自己改善の意欲を高める

叱りは、相手の変容を期待するものですから、叱った後に、子どもの行いに改善が見られたり、改善しようという意志が感じられたりしたら、その姿勢を認めることが必要です。教師が認めることによって、改善しようとしている自分に対しての自信を確かな

ものにすることができます。また、認めてくれた教師に対しての信頼を高めていきます。

叱った後にすぐ「やり直し」をさせ、その場で改善をほめるなどの方法で、叱りっぱなしにならないように心がけることは重要です。

●成長を願う気持ちを態度で伝える

教師が行う指導の根本には、「子どもの成長を願う」気持ちがなければなりませんし、教師であれば、そうあるのが当然のことです。特に、叱りという感情を揺さぶられる指導方法においては、何のために叱っているのか時々分からなくなることもあるかもしれませんが、子どもの成長を願う気持ちがあれば、その子の改善が見られた瞬間に心からほめ、認めてあげたくなるはずです。「もっともっと」と、高望みをしたくなることもありますが、少しの改善であっても、素直に子どもをほめるように心がけましょう。

●観察する姿勢を身につける

叱りどころも、ほめどころも、教師が子どもをしっかり観察する目をもっておかなくては、やり過ごしてしまいます。同じ事象を目にしても、教師の力量によって、子どもの成長につなげることができるか否かが決まってしまいます。叱りどころとほめどころは、表裏一体ですから、「叱るのは苦手」という人でも、ほめどころに目がいけば、何らかの指導が可能になります。叱りどころも、ほめどころも、的確な場面で子どもを指導しようとする意識を高めることで、教師としての力量を上げることができます。

＋ one point

叱りどころを理解すれば、
ほめどころは自然に分かるようになる！

5…叱った当日の子どもへのフォロー

――叱られた後は、どの子でも少なからず落ち込んでいます。その状態で下校させてしまうと、わだかまりが生じます。すっきり明るい気持ちで下校させることが大切です。

●その日の問題はその日のうちに解決

子どもの指導は、その日のうちに解決しておくのが原則です。特に、ケンカなど相手のある事案では、時間がたつにつれて記憶があやふやになってしまいます。少し時間をかけてでも、事実確認だけはその日のうちにしっかり行い、保護者に正確に報告することができるようにしておく必要があります。

その日のうちに解決することで、子どもも納得して教師の指導を受け入れることができ、すっきりした気分で一日を終えることができます。

●観察と声かけを怠らない

子どもを厳しく叱った後は、子どもが沈んだ気持ちを長く引きずらないように、しっかりフォローしなくてはなりません。授業中や休み時間の子どもの様子を注意して観察したり、時折声をかけて、気持ちが立ち直っているか確認したりします。

指導方針を曲げ、子どもにおもねる必要はありませんが、子どもが納得していない、立ち直っていないと感じたら、期待している気持ちを伝えたり、授業で楽しませたりして、穏やかな気分にしてあげましょう。

●楽しい気分で下校させる

叱った子どもに対してだけではなく、クラスの子どもたち全員が楽しい気分で下校できるように、日頃から工夫することが必要です。「終わりの会」で、最後に簡単なゲームや手遊び歌などで楽しんでから下校させたり、一日の中で楽しかったことをひと言ずつ発表させたりして、明るい気持ちで下校させるようにします。下校する時には、子どもたちに「今日は楽しかった」「明日はどんな日になるだろう」と期待をもたせるような一日の終わりにできるか否かは、教師の工夫にかかっています。

＋ one point

今日を楽しく振り返り、明日に希望をもたせるために、
教師が指導を工夫する！

6 叱った当日の保護者へのフォロー

――子どもが納得せずに落ち込んで帰宅すると、保護者は子ども以上に不安と不満を抱きます。保護者へのフォローにやり過ぎはありません。

●子どもより先に連絡する

指導内容が重大であれば、それだけ保護者に連絡する必要度は高まります。保護者には、事案の事実をできる限り正確に伝え、指導内容と教師の考えをしっかり理解してもらう必要があります。そのためには、他から伝わるよりも早く連絡を入れる必要があります。先に子どもや他の保護者から伝わってしまうと、事実と異なる情報が伝わり、誤解を招くおそれがあります。できる限り早く保護者に連絡をとって、担任から直接伝えることが、もっとも良いフォローになります。

●ほめどころを必ず伝える

叱った後の連絡ですから、保護者にとっては耳の痛い報告を受け取ることになります。事実を伝えるのはもちろん大切ですが、保護者に「先生に指導してもらって良かった」と思ってもらわなくては意味がありません。

保護者に指導を受け入れてもらうためには、「子どもの良さを分かっている」ことも合わせて伝えることです。「元気いっぱいで楽しみですよ」「失敗を生かすことのできる子です」など、子どものほめどころを必ず添えることが大切です。

●保護者と連絡をとる機会を増やす

教師から連絡があることに、マイナスイメージを抱く保護者がほとんどです。我が子がケガをしたか、悪いことをしたのではないかと、反射的に思ってしまいます。そうなってしまう原因は、教師にあります。日頃から、子どもの良い行いを報告しておけば、身構えられることもなくなるはずです。

連絡帳にひと言でも書いておいたり、時間のある時に電話で伝えたりして、日々丁寧に保護者とつながる機会をつくり、信頼関係を築いていくことが大切です。

＋ one point

日頃の保護者とのつながりが、
指導後の最大のフォローになる！

7　連絡帳の書き方のポイント

――連絡帳は、保護者との信頼関係を深めることにも、敵対関係に陥ることにもなる重要なツールという意識で取り扱いましょう。

●保護者のメッセージにはすべて返信

連絡帳に保護者から書かれてくるメッセージの多くは、「体調が悪い」「家への忘れ物がある」といった些細な連絡事項です。そのようなメッセージですから、「見たことが保護者に伝わればよい」と考えて、認め印を押しただけで返却していた時期が私自身にありますが、ある時、保護者から「ハンコをポンと押して終わり？」と苦情が入ってしまいました。そんな苦い経験もふまえて、どんなに些細な連絡でも、必ずひと言メッセージを書いて返却することをおすすめします。

保護者は、担任とつながりたいと思っていることを忘れてはいけません。

●必ず子どもの様子や長所を書き加える

連絡帳を、保護者との関係を築くツールと考えれば、どんなに些細な連絡事項であっても、それはまたとないチャンスになります。例えば、「体調が悪いので体育を見学させる」という連絡が書かれていれば、「少ししんどそうな時もありましたが、がんばって勉強していました」などと、その日の子どもの学校での様子を書いて返すようにします。保護者が担任と個別に交流できる機会は限られているので、そのひと言だけで、関係を深めることが可能になります。日頃の些細な取り組みの積み重ねが大切です。

●重要な事案は「後ほど連絡します」

子どもが小さくないケガをしたり、友達関係でトラブルが起こったりした時は、連絡帳には一応事実を書きますが、「詳しいことは、直接お話させていただきます」と書いて、できるだけ早いうちに電話や家庭訪問をするようにします。書いて残すことで、誤解が生じて後々トラブルになることもあります。誠実に対処することは大切ですが、これから解決する過程で重要となることを書き残すことはしないのが原則です。

＋ one point

連絡帳を、保護者とつながるためのツールと考えて、有効活用しよう！

8 家庭訪問のポイント

――直接顔を合わせて話をすることは、もっとも効果的なフォローです。家庭訪問でさらに保護者とつながり、信頼構築に努めましょう。

●頻繁に足を運ぶ

何か重大なトラブルが生じた時だけ家庭訪問をするというのでは、保護者との距離は縮まりません。保護者と直接顔を合わせて話す機会は、教師からつくるようにしましょう。子どもの授業態度や生活態度で気になることがあれば、それほど深刻ではないうちに保護者と相談するというかたちで家庭訪問するようにします。学校や家庭での様子を情報交換するうちに、保護者との信頼関係が築かれていきます。また、保護者とつながるために、子どもが病気で欠席した時などの家庭訪問は、非常に良い機会です。

●顔を合わせれば理解が早い

重大なトラブルで子どもを指導した後は、説明や指導方針などを伝えなくてはなりません。その時、家庭訪問をして話をすることで、二次トラブルを防ぐことができます。直接事情を説明し、対話をすることで、相手の感情を読み取ることができるとともに、保護者を安心させ、こちらの話を理解してもらうことが可能になります。保護者との関係がこじれてからの家庭訪問では、まったく意味がありません。家庭訪問は保護者を安心させ、保護者に信頼してもらうために行うものだと心しておきましょう。

●家庭訪問は誠意の表れ

たとえ、我が子が教師の指導によって不満を抱いていたとしても、教師が足を運んで事情を説明し、子どものためを思って叱ってくれていることが分かれば、ほとんどの保護者は苦言を呈することはありません。反対に、「わざわざ足を運んでくださって」と感謝さえしてくれます。教師に大切なのは、子どもの成長を真に願う思いであり、保護者の気持ちを慮る誠意です。「自分が親なら」と考えれば、家庭訪問をして顔を合わせて話すことを疎んじる気持ちにはならないはずです。

＋ one point

特別な事情がない限り、学校に呼ぶのではなく、教師から足を運ぼう！

Column 6

真の愛情をそそぐ世の中に

今の子どもたちは、本当に恵まれた環境で生きています。誕生日やクリスマスには、親からプレゼントをもらいます。外食でも好きな物を頼んで食べさせてもらえます。遊園地や国内旅行は当たり前、海外に連れていってもらう子も、そう珍しくはなくなりました。

しかし、「本当に愛情をそそがれているのか?」と問われれば、疑問を抱かざるを得ません。私は、教頭としてさまざまな保護者と会う機会がありますが、課題を抱えている子の保護者は、我が子の本当の姿が見えていないと感じます。学校が、客観的かつ具体的な事実を示してもなお、「そんなはずはない」と子どもを誤ったかたちで守ってしまうのです。子どもの言いなりになっていると言ったほうがよいかもしれません。子どもの言いなりになって、学校にクレームを言い続けていた保護者が、結果的には、子どもからバカにされ、家庭内別居のような状態になってしまったことがありました。おそらく、子どもは、「おかあさん、どうして?『悪いのはおまえだよ』と、どうして叱ってくれないの?」と心の中で叫んでいたのだと思います。子どもの真の姿(ずるさや甘えや言い訳)を直視しなくては、子どもの悩みを正面から受けとめ、願いを受け入れることはできません。

刹那的な楽しさをあたえること、望む物を買いあたえることが、子どもへの愛情だと思っていては大間違いです。子どもにとっての真の愛情とは何か、そのことをしっかり考えられる大人でありたいと思います。そして、その信念を子どもや保護者に伝えられる教師でありたいと思います。

著者紹介

中嶋郁雄（なかしま いくお）

1965年、鳥取県生まれ。

1989年、奈良教育大学を卒業後、奈良県内の小学校で教壇に立つ。

新任の頃より「子どもが安心して活動することのできる学級づくり」を目指し、教科指導や学級経営、生活指導の研究に取り組んでいる。

子どもを伸ばすために「叱る・ほめる」などの関わり方を重視することが必要との主張のもとに、「中嶋郁雄の『叱り方』&『学校法律』研究会」を立ち上げて活動を進めている。

著書に『高学年児童、うまい教師はこう叱る！』『新任３年目までに身につけたい「超」教師術！』『困った小学１年生、うまい教師の指導術』『まさかの学級崩壊⁉ 「ヤバいクラス」立て直し術！』（以上、学陽書房）、『教師の道標――名言・格言から学ぶ教室指導』（さくら社）、『叱って伸ばせるリーダーの心得56』（ダイヤモンド社）、『「しなやかに強い子」を育てる――自律心を芽生えさせる教師の心得』（金子書房）、『クラス集団にビシッと響く！「叱り方」の技術』（明治図書出版）など多数ある。

・「中嶋郁雄の『叱り方』&『学校法律』研究会」のブログ

http://shikarikata.blog.fc2.com/

信頼される教師の叱り方

フツウの教師・デキる教師・凄ワザな教師

2017年 7月20日　初版発行
2022年 8月26日　7刷発行

著者――中《なか》嶋《しま》郁《いく》雄《お》
装幀――スタジオダンク
本文デザイン・DTP制作――スタジオトラミーケ
イラスト――坂木浩子
発行者――佐久間重嘉
発行所――株式会社 学陽書房
東京都千代田区飯田橋1-9-3　〒102-0072
営業部　TEL03-3261-1111　FAX03-5211-3300
編集部　TEL03-3261-1112　FAX03-5211-3301
http://www.gakuyo.co.jp/
印刷――加藤文明社
製本――東京美術紙工
©Ikuo Nakashima 2017, Printed in Japan
ISBN978-4-313-65338-2　C0037

乱丁・落丁本は、送料小社負担にてお取り替えいたします。
定価はカバーに表示してあります。

JCOPY <出版者著作権管理機構 委託出版物>
本書の無断複製は著作権法上での例外を除き禁じられています。複製される場合は、そのつど事前に、出版者著作権管理機構（電話 03-5244-5088、FAX 03-5244-5089、e-mail: info@jcopy.or.jp）の許諾を得てください。

学陽書房の好評既刊！

● 「うまい教師」シリーズ

その場面、
うまい教師はこう叱る！

中嶋郁雄 著　◎ A5 判 128 頁　定価 = 本体 1700 円 + 税

とっさのこの一言が子どもを変える！　態度が悪い、授業をかきまわす、学校のルールを守らない……こんな困った場面をスッキリ解決！　わかりやすいイラストで、児童の困った行動・態度がみるみる素直になる叱り方・ワザを紹介。

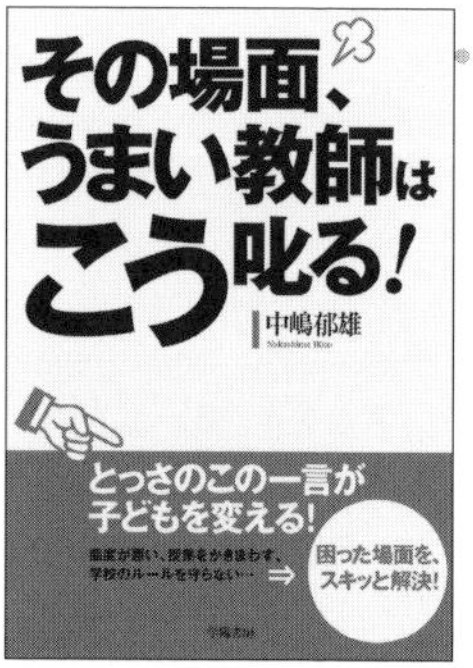

高学年児童、
うまい教師はこう叱る！

中嶋郁雄 著　◎ A5 判 176 頁　定価 = 本体 1800 円 + 税

思春期や反抗期も始まり、扱いが難しい高学年児童。男子編、女子編と大きく構成を分け、困った場面ごとの具体的指導例をきめ細かくフォロー。子どもとの信頼関係を築きながら、バシッと伝わる効果的な指導のワザを一挙ご紹介！

困った小学1年生、
うまい教師の指導術

中嶋郁雄 著　◎ A5 判 168 頁　定価 = 本体 1900 円 + 税

「小1プロブレム」と呼ばれ、教師たちを大きく悩ませる小学1年生の不適応行動。子どもたちがさまざまなかたちで発するメッセージの受け止め方をはじめ、子どもを落ち着かせ、さらには成長を引き出すための指導法を具体的実践例とともに紹介。

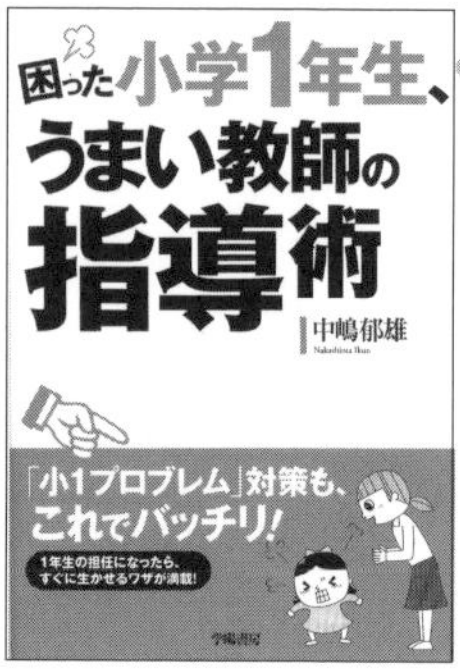

学陽書房の好評既刊！

● 「うまい教師」シリーズ

そのクレーム、
うまい教師はこう返す！

中嶋郁雄 著　◎ A5 判 128 頁　定価 = 本体 1700 円 + 税

突然やってくる保護者からのクレーム！　とっさのときの対応をどうすべきか？　クレームを生まないための信頼関係をどうつくるといいのか？　保護者から信頼される教師のための、保護者対応の基本がわかる！

仕事がパッと片づく！
うまい教師の時間術

中嶋郁雄 著　◎ A5 判 128 頁　定価 = 本体 1700 円 + 税

「忙しくて寝る時間がない！」そんな日々に追われていませんか？　もっと効率的に仕事ができて、生活が充実し、クラスも伸びる方法を知りたい人へ。年間のダンドリから、毎日の仕事のこなし方まで、忙しい教師のための人生を変える時間術！

そのクラス、
うまい教師はこう動かす！

中嶋郁雄 著　◎ A5 判 124 頁　定価 = 本体 1700 円 + 税

落ち着きがなく騒がしい、指導を素直にきかない……そんな悩みをバッチリ解消！　クラスをリードし、子ども集団をうまく動かす力が身に付く一冊！　すぐに実践できる方法が満載で、子どもたちがみるみる素直になる。

困った場面、ズバリ解決！
うまい教師の対応術

中嶋郁雄 著　◎ A5 判 144 頁　定価 = 本体 1700 円 + 税

授業、生活指導、休み時間、保健・給食、職員室・保護者対応……どんな教師も一度ならずと直面する「それ、あるある！」「そんな場面、あるよね！」と共有・共感してしまう学校現場のリアルな悩み、クラスの気になる“問題”“困った”に、説得力ある具体的対処法とすぐに使える打開策でわかりやすく応える。

学陽書房の好評既刊！

新任3年目までに身につけたい「超」教師術！

中嶋郁雄 著
◎ A5 判 160 頁　定価＝本体 1700 円 + 税

学級担任としてのリーダーシップ、学級づくり、授業づくり、膨大な事務仕事のダンドリ、職場の人間関係、保護者対応……若い教師が必ずぶつかる「不安」「失敗」「困った」が、確かな「自信」へと変わる目からウロコのヒントやスキルアップ術が満載！

新任3年目までに身につけたい保護者対応の技術

中嶋郁雄 著
◎ A5 判 168 頁　定価＝本体 1700 円 + 税

教師のメンタルヘルスにもっとも影響を及ぼすという保護者対応。子ども同士がケンカをした時、学力に問題がある時、いじめの噂が流れた時……トラブルを回避し、対応が難しい保護者ともうまく関係を築くためのポイント、必殺ワザを紹介。

学陽書房の好評既刊！

新任1年目でもうまくいく！ 子どもの心をパッとつかむ 驚きの授業ルール

中嶋郁雄 著
◎ A5 判 136 頁　定価＝本体 1700 円 + 税

「学級づくり」も「生活指導」も「保護者対応」も、その基礎は毎時毎時の「授業」がカギ。授業づくりのエキスパートたちが、「これならばうまくいく！」と自信と確信をもって紹介する極意と授業ルール。「明日の授業をどうしよう」「子どもがさっぱり食いついてこない」などと悩んでいる先生に、現場で必ず役立つアイデアや成功ポイントなどがぎっしり詰まった一冊です！

教師に必要な 6つの資質

中嶋郁雄 著
◎ A5 判 224 頁　定価＝本体 1700 円 + 税

いま、学級経営に求められるのは担任教師のリーダーシップ。 自分の理想とする学級づくりを切望する教師が、自信と希望をもって教室に向かえるようになるために。

学陽書房の好評既刊！

野口流
授業の作法

野口芳宏 著　◎ A5 判 132 頁　定価＝本体 1700 円＋税

名人に学ぶ、教師の姿勢。発表のさせ方、説明の仕方……どうしていますか？　授業実践を中心に、教室での基本的な心構えから、準備と宿題、通知表に対する考え方まで。心得ておきたい、教師が児童に対する姿勢。

野口流
教室で教える小学生の作法

野口芳宏 著　◎ A5 判 136 頁　定価＝本体 1600 円＋税

先生が教える子どもの正しいふるまい方。学校は人生学習の場。教室は小さな社会。そこに生き、成長していく上で、子どもたちが身につけておくべき基本的なルールやマナーとその考え方を、教師の指導法とともに。

野口流
教師のための話す作法

野口芳宏 著　◎ A5 判 128 頁　定価＝本体 1700 円＋税

教師の仕事力の核心がここにある！　授業中の話し方の基本から、子どもの心をつかむ聞き方まで、具体的なノウハウと心構えがわかる本！